Peter Whiteheart

Wiyo Ate

Der indianische Weg zum Neuen Mann

Deutsche Erstauflage März 1993

Titelbild: "Ananda" Kurt Pilz/Agt. Holl
Satz: DTP-Service-Studio, Rheinbrohl
Druck: Fuldaer Verlagsanstalt
ISBN 3-926374-33-1

Peter Whiteheart

Wiyo Ate

Der indianische Weg zum Neuen Mann

Inhalt

VORWORT

Was bedeutet es, ein Mann zu sein? Genetisch gesehen, macht der Unterschied zwischen Mann und Frau ganze drei Prozent in der DNS aus. Das ist nicht viel. Und dennoch ist dieser Unterschied in jeder Zelle des menschlichen Körpers spürbar.
Bedeutet Mann sein also, sich von der Frau zu unterscheiden? Genau da liegt nach meiner Erfahrung der Fehler im menschlichen Denken. Wir sehen nur die Tatsache der Unterschiedlichkeit zwischen Frau und Mann, nicht jedoch, wie gering sie ist, und haben daraus ein Verständnis voneinander entwickelt, als wäre Mann ein Raubtier und Frau eine Blume, und vergessen dabei,daß wir derselben Gattung angehören und alle eins sind.

Ich habe meine berufliche Laufbahn 1978 als Journalist begonnen, immer auf der Suche nach dem Besonderen, und damit eigentlich dem Trennenden. In meinen Büchern habe ich beschrieben, warum andere Kulturen und Menschen anders sind, und damit unbewußt zu unserer Trennung von ihnen beigetragen. Ich habe mich für die Indianer Nordamerikas interessiert und als erstes auf das Besondere, das Andersartige in Ihnen geschaut, so wie heute viele Jugendliche in Deutschland, die ihre Wurzeln verloren haben, in Ausländern nur das Fremdartige und damit Bedrohliche sehen.

Dann traf ich, das war 1986, in Los Angeles einen Indianer. Er zeigte mir, daß Andersartigkeit nicht trennen muß, sondern verbinden kann. Seine Erfahrungen als Medizinmann und Schamane waren, natürlich, ganz anders als meine als

Journalist und (seit 1985) von denen als Hypnose-Therapeut in der Art der Schulung und Ausbildung, dem geschichtlichen und kulturellen Hintergrund usw...
EagleBear, mein Lehrer und Kollege, jedoch zeigte mir, was wir gemeinsam hatten: unsere Basis und unser Ziel. Die Unterschiede, sagte er, sind nur dazu da, um unsere Erfahrungen zu erweitern. Worauf es ankommt, sind Grundlage und Ziel. Die Grundlage unserer beider Lebensphilosophie ist die Freiheit, Gleichheit und Brüderlichkeit der gesamten Schöpfung, unser Ziel, jedem Menschen zu helfen, das zu sein, was er ist. Nur dann kann jeder einzelne am Schöpfungsplan mitwirken, und nur dann sind wir wirklich zufrieden, erfüllt.
EagleBear hat das nicht so formuliert. Große Worte liegen den Indianern nicht, sie ziehen die praktische Erfahrung vor (was sich auch in diesem Buch niederschlagen wird). Als Schüler wird man von ihnen in diese praktische Erfahrung geführt, denn ein richtiger Schamane spürt, wo der andere gerade in seinem Leben steht, und welche Erfahrung er gerade jetzt machen muß.

Ich erinnere mich noch genau, wie mir EagleBear auf jenem Hypnose-Therapeuten-Kongreß in einem Hotel in Los Angeles nach wenigen Minuten unserer Begegnung eine Geschichte von seinem Apachenstamm erzählte. Wir sprachen über mich und mein Leben, meine Orientierungslosigkeit. “Bei uns im Reservat,” begann EagleBear, “greift der Ältestenrat manchmal in die Familien ein, wenn die Alten den Eindruck haben, ein junger Mann brauche eine bestimmte Erfahrung, um in seiner Entwicklung weiterzukommen. So kommt es manchmal vor, daß ein junger

Mann, der mit seiner Rolle als Mann nichts anzufangen weiß, zwei Jahre lang Frauenkleider tragen und Hausarbeiten verrichten muß und überwiegend nur mit Frauen zusammen sein darf. Nach dieser Zeit übernimmt er die männlichen Pflichten und reiht sich damit automatisch in seine Rolle als Mann im Stamm ein."
Damals verstand ich nicht, warum mir EagleBear gerade diese Geschichte erzählt hatte.
Wenige Wochen später lernte ich eine Frau, Mutter von drei Kindern, kennen und lieben. Während meine Lebensgefährtin als Innenarchitektin arbeitete, übernahm ich die Pflichten der Mutter und Hausfrau. Ich lernte meine weibliche Seite in mir kennen, die ich bisher vernachlässigt hatte, und fand auf diesem Umweg ein neues Bewußtsein meiner Männlichkeit, das mit dem alten Rollenempfinden und -verhalten nur noch wenig gemeinsam hatte. EagleBear hat mich während dieser Lehrjahre unterstützt und gelehrt.

Wiyo Ate - Der Weg in die Sonne

Um diese Lernerfahrungen geht es in diesem Buch. Ich möchte Ihnen zeigen, wie ich gelernt habe, meine Männlichkeit auf natürliche Weise wiederzuentdecken und zu leben. Ich lade Sie ein, mit mir auf diesen Weg in die Sonne, zurück ins Urmännliche zu gehen: zu Wiyo Ate, Vater Sonne.
Der Weg in die Sonne, Wiyo Ate, ist - wie dieses Buch - klar in zwei Teile gegliedert: einen ersten Abschnitt, der die heutige Realität erkennt und beschreibt, und einen zweiten, der mit praktischen Übungen und Meditationen ein neues Bewußtsein herstellt.

In einer kurzen aktuellen Zustandsbeschreibung in Teil I des Buches werden Robert Bly und andere Autoren zitiert, werden jüngste Meinungsumfragen veröffentlicht und die Indianer Nordamerikas nach ihren Einstellungen befragt, und schließlich die Vorschläge der Indianer zur Überwindung der derzeitigen Männlichkeitskrise erläutert.
Der weitaus umfassendere Teil II führt in die Methoden und Techniken ein, die wir von den Indianern übernehmen können. Da lernen Sie, wie Sie Ihr inneres Gleichgewicht wiederherstellen können und wie Sie sich mit Energie aufladen. Da erfahren Sie die Grundregeln der indianischen Erdmagie und wie Sie mit geistigen Übungen wieder zu sich zurückfinden können.

Es würde der Idee dieses Buches und der Lebensanschauung der Indianer zuwiderlaufen, alle diese Gedanken und Übungen als Lebenshilfe und Meditationen ausschließlich für Männer zu verstehen. Der Inhalt dieses Buches geht 'sie' und 'ihn' an. Es ist meine tiefe Überzeugung, daß nur gegenseitiges Verstehen von Frau und Mann die Sinnkrise unserer Zeit überwinden kann. Weder Patriarchat noch Matriarchat bringen uns weiter. Die eine Vorherrschaft mit der anderen zu ersetzen, wird unseren Planeten nicht retten und unser Zusammenleben nicht friedlicher machen. Nur miteinander kommen wir aus der Krise. Und miteinander heißt im indianischen Sinne: mit allem. Mit den Geschlechtern, den Rassen, den Religionen und Kulturen; mit den Tieren und den Pflanzen; mit der Erde, dem Wasser, der Luft und dem Feuer.

Und trotzdem ist dieses Buch speziell für uns Männer geschrieben, weil nach meiner Erfahrung gerade der indianische Weg für uns verunsicherte Zeitgenossen der westlichen Zivilisation Orientierung, Hilfe und Kraft geben kann.

Teil I

Die heutige Realität

Überlegungen und Beobachtungen über Männer

1. Ent-Larvung

Die Krise der westlichen Zivilisation, von Umweltzerstörung und Fremdenhaß bzw. Rassismus geprägt, wird oft als Krise des modernen Mannes beschrieben: Mann sei an allem schuld. Mann tötet, Mann zerstört, Mann haßt.

"Ihr seid zu stolz, Gefühle zu zeigen. Das haltet ihr für Schwäche", klagt die Schauspielerin Sonja Kirchberger ("Die Venusfalle") die Männer an. Shere Hite, die Schriftstellerin ("Hite Report"), geht noch weiter: "Männer haben die Macht. Draußen im Beruf, drinnen in der Ehe. Was in der Privatsphäre stattfindet, spiegelt sich in der Gesellschaft im großen Stil wider - mit den Wertvorstellungen und den Klischees der Männer."
Und die Politikerin Heidemarie Wieczorek-Zeul sieht in diesen männlichen Wertvorstellungen schließlich den Urgrund zum Unfrieden der Menschheit, indem sie "eine unerklärliche Kriegslust" im Mann zu entdecken glaubt.

Die hier geäußerte Kritik am Mann - emotionale Kälte, Machthunger, Kriegslust - deutet darauf hin, daß die traditionellen männlichen Rollenbilder heute pervertiert sind. Was diese Rollenbilder sind, fand Georg von Carnap kürzlich in Meinungsumfragen von Jugendlichen heraus. Auf die Frage "Was fällt dir als erstes bei dem Wort Mann ein?", antworteten die über 1000 befragten Schülerinnen und Schüler: Stärke, Arbeit, Mut. Beim Wort Frau assoziierten sie Schönheit, Liebe, Mutter. Nahezu drei Viertel der Befragten nannten als dominierende männliche Eigenschaften Stärke und Härte.

Frustrationen entstehen, wenn unterbewußte Rollenbilder in der Realität nicht oder verkehrt gelebt werden. Genau das werfen die oben zitierten Frauen den Männern vor: Stärke wird pervertiert in Macht und Ausbeutung.
Wie das Beispiel der ärmsten Länder der Welt zeigt, wo rund drei Milliarden der etwa 5,5 Milliarden Erdenbürger leben. Dort sind - nach einer Untersuchung des Washingtoner "Worldwatch"-Instituts - die Frauen die Haupternährer der Familie. Dennoch verfügen sie über keinerlei Einkommen. Die Männer verwalten in diesen Kulturen das Geld, das sie für Alkohol, Tabak, Konsumgüter und andere Frauen ausgeben.
Der zweite Vorwurf: Härte wird pervertiert in emotionslose Zerstörungsbereitschaft, wird durch das Beispiel der reichen Länder der Welt belegt, wo die Männer Wirtschaftssysteme verwalten, die auf der Verschmutzung, Überlastung und Zerstörung der Umwelt, also des weiblichen Elements (Mutter Erde), basieren.

Die Suche nach der neuen Männlichkeit

Der Mann in den westlichen Zivilisationsländern ist damit in der Zwickmühle: den Machoismus der Dritten Welt und die Umweltzerstörung lehnt er als pervertierten Ausdruck des Männlichen ab. Seine eigene unbewußte Erwartung (und die der Frauen) von Kraft und Stärke bleibt auf der Strecke. Er ist "verunsichert", wie der amerikanische Psychologe Herb Goldberg sagt, und fühlt sich "kraftlos" (Wilfried Wieck in "Männer lassen lieben"). Auch der Ausweg, der noch vor einigen Jahren hoch im Kurs stand, nämlich als Mann sein Frau-Sein auszuleben, ist inzwischen als Halblösung entlarvt: "Der Softie wollte von den Frauen anerkannt und von Mutti an die Brust genommen werden", so der Schriftsteller Klausbernd Vollmar. Die typisch männlichen Eigenschaften, besonders ihre unterbewußte Erwartung, also: die männliche Identität, kommen dabei zu kurz. Sie werden als zerstörerisch und negativ abgelehnt, da sie im Alltag als destruktiv erlebt werden.

Die Rolle des Mannes muß also neu definiert werden. Stark soll er sein, aber auch einfühlsam; hart, aber auch weich; mutig, aber auch seine Ängste zugebend. Der Autor des lesenswerten Buches "Eisenhans", Robert Bly, schlägt vor, die jungen Männer wieder wie in den früheren Kulturen und Mythen von alten Männern rituell einweihen und unterweisen zu lassen und sie so in die Welt der Männer hineinzuführen. Nur dadurch könne der schleichende Verlust an konstruktiver männlicher Kraft, an "Zeus"-Energie, wie Bly es nennt, aufgehalten und damit die Perversion der männlichen Rollen - vom König zum Diktator, vom Krie-

ger zum Soldaten, vom Liebhaber zum Frauenhelden - gestoppt werden. Zu dieser Initiation gehört nach Bly vor allem die Auseinandersetzung mit den Schattenseiten, den Schmerzen und Verwundungen ("Die Zeit der Asche"). Danach kann der Initiant seinen inneren wilden Mann akzeptieren: seinen Mut zum Risiko, seine Spontaneität, seine Naturverbundenheit, seine Intensität, seine eigenen starken Impulse.
Bly ist sich durchaus bewußt, daß die Einweihungen der Naturvölker und Mythen in der heutigen Zeit schwer durchzuführen sind. Trotzdem läßt sich nach seiner Ansicht die konstruktive Männlichkeit auch heute ausbilden: durch den verstärkten Rat der Großväter und Väter ihren Enkeln und Söhnen gegenüber, durch das Engagement älterer Männer als Mentoren für die jungen, und vor allem durch die Konfrontation der Männer mit ihren Gefühlen, Schmerzen und Verwundungen, mit ihrer Abhängigkeit von weiblicher Anerkennung und mit der kreativen Kraft ihrer Aggression und Sexualität.

Aus Blys Ansatz heraus entwickelte sich in den letzten Jahren in den USA und in Europa eine "Männerbewegung": Männer treffen sich in Gruppen und sprechen sich aus, lassen ihren Gefühlen freien Lauf.

In einer solchen Männergruppe in Südkalifornien begegnete ich Robert, dessen Geschichte ich hier kurz als Beispiel für viele andere Männer wiedergeben möchte.
Robert kam in die Gruppe, weil seine Ehe nach zehn Jahren zu scheitern drohte und er gleichzeitig in einer tiefen Sinnkrise steckte, nachdem er zwei Jahre zuvor zum Direktor einer Reinigungsfirma ernannt worden war.

Robert stellte seinen beruflichen Erfolg in Frage und fragte sich, was er vom Leben überhaupt erwartete.
Als Junge hatte Robert gelernt, daß er die Zuneigung seines Vaters gewinnen konnte, wenn er seine Energie in männliche Aufgaben steckte, wenn er erfolgreich war. Seine empfindsame (weibliche) Seite kam dabei zu kurz. Je mehr er sich seinem schulischen und später seinem beruflichen Aufstieg widmete, umso erfolgreicher wurde er auch. Gefühle überkamen ihn nur, als er seine spätere Frau Elizabeth kennenlernte oder wenn er sich mit Hilfe von Alkohol gehen ließ.
Als er dann zwei Jahre vor seinem vierzigsten Geburtstag zum Direktor einer kleinen Firma ernannt wurde, schien er am Ziel seiner Wünsche angelangt zu sein. Tatsächlich kostete er seine neue Stellung das erste Jahr voll Stolz aus, aber dann, im zweiten Jahr, kamen die Zweifel. Das heißt, zuerst kamen sie Elizabeth, die sich beklagte, von ihm vernachlässigt zu werden. Das schließlich gab Robert zu denken. Nun stellte er alles in seinem Leben in Frage, fühlte sich, wie er sagte, "fremdbestimmt".
Mit diesem Gefühl kam Robert in die Gruppe. Zunächst saß er nur da und hörte den anderen zu, erfuhr von ihren Verwundungen, von ihrer Trauer über den Vater, der nicht da war, wenn sie ihn brauchten. Dann, nach einigen Wochen, faßte Robert Mut und legte los. Als er am Ende angelangt war, brach er in Tränen aus.
Es dauerte drei Monate, bis Robert den Schmerz über seine versäumte Kindheit durchlebt hatte. Doch dann blühte er auf. Statt den Erwartungen anderer folgte er jetzt seinen inneren Wünschen. Er begann sich selbst zu akzeptieren und zu lieben. Seine Ehe wurde wieder lebendig und spannend. Seinen Beruf als Direktor der Reinigungsfirma gab

er auf und erfüllte sich seinen langgehegten Wunsch, Buchautor zu werden. Heute hat Robert ein Buch veröffentlicht und arbeitet bereits an seinem nächsten.

Robert ist nicht nur ein Beispiel für die erfolgreiche Initiation, wie sie heute überall in Männergruppen stattfindet, sondern auch Beispiel für einen Mann, der die männlichen Wechseljahre als zweite Chance (nach der Pubertät) für eine Einweihung, sprich Ganzwerdung, gesehen und genutzt hat.
Diese Wechseljahre, die physisch vom Rückgang des männlichen Hormons Testosteron gekennzeichnet sind, sich zwischen dem 40. und 50. Lebensjahr ereignen und zu starken emotionalen Auseinandersetzungen führen - wenn Mann sie nicht verdrängt -, werden heute immer stärker von Medizinern und Psychologen beachtet. Tatsächlich eröffnet diese zweite Sinnkrise die Möglichkeit, sich noch einmal mit der Rolle seiner Männlichkeit, ja mit dem Sinn des bisherigen Lebens auseinanderzusetzen. Mehr und mehr Männer nutzen dieses bedeutende Lebensjahrzehnt zu einer privaten und beruflichen Neuorientierung. So finden in den USA die meisten Stellenwechsel im mittleren Management statt, wenn die Angestellten ihr 40.Lebensjahr erreicht haben. In diese Zeit fallen auch die meisten Scheidungen.
Roberts Beispiel zeigt, daß und wie Mann diese Chance zur Neuorientierung nutzen kann. Freilich gibt es auch viele Gegenbeispiele von Männern, die glauben, mit der Flucht in die Arme einer jungen Geliebten ihrer jetzt anstehenden Auseinandersetzung mit dem Älterwerden, mit ihrer Männlichkeit, mit der physischen, emotionalen, geistigen und spirituellen Ausrichtung ihrer verbleibenden

Lebenszeit ausweichen zu können. Andere wiederum fühlen, von Zweifeln geplagt - wie es von Woody Allen in seinen Filmen (und in seinem Leben) so treffend dargestellt wurde - alle nur denkbaren Krankheiten über sich hereinbrechen - von Depressionen über Herzinfarkt bis hin zum Gehirntumor.

In der Selbstarbeit und in den Männergruppen können die Wechseljahre des Mannes jedoch als der Motor eingesetzt werden, der sie eigentlich sind: zu einer Bestandsaufnahme, einer Konfrontation mit bisher Verdrängtem, einer Neubesinnung.

2. Chanh Teh

In der Sprache der Lakota Sioux Indianer beschreibt das Wort *Chanh Teh* das, was wir Herz nennen. *Chanh Teh* nimmt einen zentralen Platz in der indianischen Definition der Männlichkeit ein. Es bedeutet, ein Mann muß aus seinem Herzen heraus leben. In der deutschen Sprache finden wir im Volksmund einiges, was der indianischen Anschauung durchaus entspricht. Wenn wir etwa sagen: "Du sollst aus deinem Herzen keine Mördergrube machen", um zu umschreiben, daß wir nach unserem Gefühl leben sollen. Oder: "Nimm dir das zu Herzen", wenn wir sagen wollen, daß jemand etwas wirklich in sich aufnehmen soll. Oder: Etwas mit "Herzblut" tun, bedeutet, jemand handelt aus innerem Engagement.

Herz bedeutet also mehr als eine Metapher für Liebe. Herz ist eine ganzheitliche Ausrichtung, und genau die fehlt uns westlichen Menschen, sagen die Indianer, und sie stimmen den im ersten Kapitel aufgeführten Kritikpunkten voll zu: Der westliche Mann hat seine Männlichkeit pervertiert - durch eine Überbetonung des Verstandes und die gleichzeitige Vernachlässigung des Herzens.

EagleBear hat das einmal so formuliert: "Ist dir schon einmal aufgefallen", fragte er mich, "daß bei euch alles eckig ist? Eure Häuser, eure Gegenstände, ja sogar eure Kleidung mit den ausgestopften Schultern und den gebügelten Hosen. Euer gesamtes Denken ist eckig. In der Natur dagegen ist alles rund. Alles ist ein Kreislauf. Rundes Denken bedeutet ganzheitliches Denken. Es umfaßt nicht nur Logik, sondern auch Intuition und Kreativität."

Wie die zu Beginn zitierten Frauen sehen auch die Indianer im Machoismus, der die Frauen mißachtet, und im Ramboismus, der die Natur verneint, die Gefahr für die Zukunft unseres Zusammenlebens und unseres Planeten. Sie kritisieren die Zerstörung der Mutter Erde, die Folge der Überbetonung des logischen, rationalen Denkens mit der Formel: Macht euch die Erde untertan.

Das trennt anstatt zu verbinden. Sie kritisieren die Perversion des Kriegertums, in dem der Krieger zum mechanischen Vernichtungsroboter wurde.

Die Indianer stimmen Robert Bly zu, wenn er fordert, die jungen Männer müßten wieder von den alten unterwiesen und eingeweiht werden. Sie stimmen auch der Männerbewegung zu, die Männern hilft, ihre dunklen Seiten, oder - wie es Carl Gustav Jung genannt hat - ihre Schatten, ihre Schmerzen und Verwundungen anzuschauen und anzunehmen.

Eine Reihe indianischer Medizinmänner hält daher Seminare ab mit dem Tenor, wie ich ihn im ersten Kapitel kurz geschildert habe. Diese Workshops beginnen meist damit, daß der Seminarraum mit dem Rauch von brennendem Süßgras oder Salbei gereinigt wird. Dann wird jeder Teilnehmer vom Seminarleiter mithilfe einer Feder beräuchert und so symbolisch ebenfalls gereinigt.
In einer Meditation wird das männliche Element eingeladen, am Workshop teilzunehmen, präsent zu sein. Gemeinsames Trommeln stimmt die Gruppe anschließend auf das Seminar ein.
“Trommeln erschafft ein Gefühl füreinander, wo wir nicht mehr miteinander konkurrieren, sondern einander unter-

stützen, um einen gemeinsamen Rhythmus zu finden", sagt EagleBear über diese uralte indianische Tradition. Im freien Tanz konzentrieren sich die Männer auf ihren Körper, um ihn zu lockern. Dabei schlagen die Seminarteilnehmer mit Handtüchern auf den Boden und lassen so ihre Spannungen, ihre Wut und ihren Schmerz heraus.
Dann werden die Männer in kleine Gruppen, "Stämme", eingeteilt und jeder erhält einen "Bruder" als Helfer.In diesen Stämmen werden Farben vergeben: Rot, die Farbe der Feuerenergie, für Wut und Ärger; Weiß, die Farbe der Wasserenergie, für Gefühle wie Trauer; und Schwarz für die dunklen Seiten, die Schatten, die ungelösten Probleme.
Statt in der Gesprächsrunde sitzen die Seminarteilnehmer im "Stammesrat". Ein "Talking Stick", ein kleiner indianischer Stock, wird von Teilnehmer zu Teilnehmer gereicht und zeigt an, wer gerade mit dem Sprechen an der Reihe ist.
Den Höhepunkt dieser Workshops bildet die "sweatlodge", die Schwitzhütte. Die Teilnehmer kriechen durch eine niedrige Tür in die kleine Hütte, wo sie Schulter an Schulter in völliger Dunkelheit sitzen, während heiße Steine hereingebracht werden. Die entstehende Hitze und der aufsteigende Rauch bringen die Teilnehmer zu tieferen Wahrnehmungsstufen, in denen sie ihr Innerstes betrachten können.
Eine Heilzeremonie bildet gewöhnlich den Abschluß des Workshops, in dem jeder sich selbst und die anderen um Vergebung für verursachte oder erlittene Wunden bittet.

Ich werde auf die einzelnen Übungen in Teil II des Buches eingehen, von denen Sie einige auch zuhause, ohne Führng und Gruppenbeistand durchführen können.

Fassen wir zusammen: Die Rolle, die Sie und ich als Mann des ausgehenden 20. Jahrhunderts zu spielen haben, ist uns nicht klar. Klar ist nur, daß unser bisheriges Männerbild und das daraus entspringende Rollenverhalten der Erde, den Frauen und vor allem uns selbst schadet. Die Beschränkung auf den Verstand und die damit einhergehende Gängelung durch starre Regeln und Muster kann uns nicht nur nicht befriedigen, sie macht uns krank. Gerade in den Männergruppen habe ich erlebt, wieviele meiner Leidensgenossen unter Kopfschmerzen, Schlafstörungen, Depressionen, sexuellen Problemen und anderen Störungen leiden.

Wie also sollen wir unsere neue Rolle finden? Eine Rolle, die uns ganz sein läßt, die uns befreit? Eine Rolle, die unserer Umwelt nicht schadet, sondern nützt? Eine Rolle, die uns und alle um uns herum glücklich macht?

Robert Bly und andere zeigen den Weg, aber sie definieren die neue Rolle des Mannes nicht zufriedenstellend. Sie beantworten nicht die eingangs gestellte Frage: Was bedeutet es, ein Mann zu sein?

Bei den Indianern Nordamerikas habe ich die Antwort gefunden. Mit ihr kann ich gut und glücklich leben. Auch die indianische Erklärung, was Mannsein bedeutet, fühlt sich gut für mich an.

Darum habe ich diese Buch geschrieben, und im folgenden möchte ich Sie in dieses Denken einführen. Aber nicht mit vielen Worten, sondern mit praktischen Übungen, die Ihnen gut tun, mit denen Sie der werden können, der Sie tief in Ihrem Inneren eigentlich sind, ein Mensch, der sein Leben nach seiner männlichen Anlage lebt.

3. Tate Topa

Ein erster Schritt auf diesem Weg zu sich selbst ist die Einbindung der Vier Elemente ins tägliche Leben. Ich habe diesen Prozeß in meinem Buch "Tate Topa - Der Indianische Weg" ausführlich beschrieben und werde mich daher hier nur auf eine Zusammenfassung des Wesentlichen beschränken.

Erde = Körper

Materie, sei es die Erde oder unser menschlicher Körper, ist keine solide Masse, sondern eine Ansammlung wirbelnder Atome, die Moleküle bilden. Diese Moleküle wiederum ballen sich als Haut, Fleisch und Knochen zusammen. Der größte Teil unseres Körpers jedoch ist leerer Raum, durch den sich die Energien unserer Umwelt hindurchbewegen. Dieser Freiraum erlaubt den Molekülen, stets neue Konfigurationen zu bilden. Wachstum und Veränderung werden auf diese Weise möglich.

Die Bewegung der Atome und Moleküle erzeugt Schwingungen. Da jedes Stück Materie eine unterschiedliche Molekül-Struktur aufweist, schwingt jeder Körper verschieden. Der Volksmund weiß von dieser Tatsache: "Der ist nicht auf meiner Wellenlänge", sagen wir über jemanden, der zu verschieden von uns ist.
Nahrungsmittel, Einrichtungen, Wohnorte - sie alle erzeugen Schwingungen, die unsere Eigenvibration entweder fördern und unterstützen oder hemmen und behindern. Sie können uns heilen oder krankmachen.

Den Indianern Nordamerikas ist diese physikalische Wahrheit von alters her bekannt. Ihre Ratschläge können uns helfen, unseren Körper in eine gesunde Balance, und damit in Harmonie zur Erde zu bringen. Vier Bereiche müssen dabei beachtet werden:

1. Ernährung,
2. Körper-Training,
3. Wohnort-Wahl und
4. Umwelt-Schutz.

Nur wenn die Schwingungen auf allen vier Ebenen harmonisiert werden, können wir Gesundheit und Glück erreichen.

1. Gesunde, naturgemäße Ernährung

Bevor wir entscheiden, welche Nahrung wir zu uns nehmen wollen, müssen wir zwei Fragen von grundlegender Bedeutung beantworten:

- Welche Nahrung hat dieselbe Schwingungsfrequenz wie unser Körper?
- Welche chemische Reaktion lösen Nahrungsmittel aus, wenn sie vom Körper verdaut werden?

Ich erinnere mich noch gut daran, wie mein Großvater Speck und fettes Fleisch in großen Mengen verzehrte, und mir als kleinem Jungen jedesmal der Magen umdrehte, wenn ich ihn dabei beobachtete. Mein Großvater brauchte diese Art der Ernährung für seine harte Arbeit unter Tage. Er war Bergmann im Kohlenrevier. Für mich, den Grundschüler, wäre seine Nahrung völlig fehl am Platze gewe-

sen. Oder anders ausgedrückt: die Schwingungsfrequenz seiner Nahrungsmittel harmonisierte nicht mit meiner eigenen Schwingung.
Leider tragen wir diesem Umstand kaum Rechnung. Kriklos übernehmen wir die Ernährungsmodelle unserer Vorfahren und wundern uns, warum wir im Gegensatz zu unseren Ahnen so wenig gesund sind. Herzerkrankungen und Krebs häufen sich in unseren westlichen Gesellschaften in noch nie da gewesenem Ausmaß. Fett, Fleisch und Zucker - wichtige Bestandteile der Ernährung für körperlich hart arbeitende Menschen - sind für viele von uns, die an Schreibtischen arbeiten und sich mit dem Auto fortbewegen, ein Ballast, an dem unser Körper hart zu schlucken hat.

Die Schwingungen stimmen nicht mehr überein. Der Hauptgrund für diese Diskrepanz liegt in der chemischen Reaktion, die diese Speisen in uns auslösen. Die Säureproduzierenden Nahrungsmittel, Fett, Fleisch, Käse, Eier, Brot, schädigen nicht nur unseren Körper, sondern auch unseren Verstand und unsere Psyche. Sodbrennen, Kopfschmerzen, Müdigkeit, Konzentrationsschwierigkeiten, Niedergeschlagenheit und Depressionen sind nur einige der negativen Folgen.

2. Körper-Übungen

Neben falscher Ernährung ist es vor allem die mangelnde Blutzirkulation, die unseren Körper aus dem Gleichgewicht bringt. Vorbei sind die Tage, an denen wir kilometerweit gehen mußten, um Freunde zu treffen oder Waren einzukaufen. Das Auto ermöglicht uns, überall hinzugelan-

gen, ohne auch nur den Fuß zu heben.
Der erste Schritt zu einem gesunden Körper ist daher: Gehen Sie, so oft Sie können, zu Fuß. Steigen Sie Treppen, anstatt den Aufzug oder die Rolltreppe zu benutzen. Nehmen Sie sich täglich Zeit für einen Spaziergang, vorzugsweise in der Natur.

Der zweite Schritt ist ein Minimum an Streckübungen. Beginnen Sie jeden neuen Tag damit, sich nach dem Aufstehen zu strecken.
Streckübungen und gesunde Haltung erscheinen auf den ersten Blick mit der Lebensweise der Indianer wenig zu tun zu haben. Aber wir leben auch nicht in Tipis und bestreiten unseren Lebensunterhalt nicht mit Fischen und Jagen. *Tate Topa* bedeutet, den indianischen Weg auf unsere Lebensverhältnisse zu übertragen. *Tate Topa* fordert, den Körper in Harmonie zu bringen. Streckübungen und gesunde Haltung sind Schritte auf diesem Weg.

3. Wohnort-Wahl

Selbst wenn Sie sich gesund ernähren und Ihren Körper mit den oben gezeigten Übungen trainieren, kann es sein, daß Sie sich unwohl fühlen und Ihr Körper nicht in Harmonie ist. Sollte dies der Fall sein, empfehle ich Ihnen, Ihren äußeren Körper, Ihre Umwelt, einmal unter die Lupe zunehmen. Weist Ihre Umgebung die gleiche Schwingungsfrequenz auf wie Ihr Körper?

Die folgenden beiden Fragen werden Sie der Beantwortung dieses Problems näher bringen:
- Welche geographische Region mögen Sie am liebsten?

Ziehen Sie das Leben in der Stadt oder auf dem Land vor? Wenn Ihnen bei der Beantwortung dieser Fragen aufgefallen ist, daß Sie derzeit nicht in Ihrer bevorzugten Umgebung wohnen, dann können Sie ziemlich sicher sein, daß Sie in der falschen Schwingungsfrequenz leben. Die einzige Kur für diese Krankheit ist ein Umzug.
Bevor Sie einem neuen Wohnort zustimmen - oder wenn Sie in Ihrer alten Umgebung wohnen bleiben wollen bzw. müssen - achten Sie darauf, daß die Vier Elemente nicht gestört sind. Gehen Sie einmal die folgende Checkliste durch:

1) Erde: Liegt mein Haus in einer Zone gefährlicher Erdstrahlen?
Ist es in der Nähe einer petrochemischen Fabrik, eines Kraftwerks, einer Mülldeponie oder einer stark befahrenen Straße?

2) Wasser: Läuft eine unterirdische Strömung unter meinem Haus hindurch?
Woher kommt mein Trinkwasser?
Ist es trinkbar?

3) Feuer: Ist mein Haus weit genug von Starkstromleitungen entfernt?
Liegt es nahe bei einem Atomkraftwerk, einer Radaranlage oder einem Rundfunk- oder Fernsehsender?

4) Luft: Lebe ich an einer häufig befahrenen Straße oder in der Nachbarschaft eines Flughafens, so daß die Abgase in mein Haus eindringen?
Ziehen Emissionen naheliegender Industrieanlagen über mein Haus?

Wenn Sie eine oder mehrere dieser Fragen mit Ja beantwortet haben, empfehle ich Ihnen, Ihrer Gesundheit zuliebe, diesen Standort nicht als Wohnort in Betracht zu ziehen. Sollten Sie bereits an einem solchen Wohnort leben, rate ich Ihnen zum Umzug.

Um Ihre Schwingungsfrequenz mit der Ihrer Umwelt in Harmonie zu bringen, bedarf es noch einer weiteren Bestandsaufnahme. Prüfen Sie, ob Ihr Haus selbst mit den Vier Elementen in Einklang steht.

1) Erde: Ist mein Haus mit natürlichem Baumaterial gebaut?
Ist es innen und außen mit chemiefreien Farben gestrichen?
Sind Teppiche, Möbel, Einrichtungsgegenstände aus natürlichem Material gefertigt?

2) Wasser: Sind die Wasserleitungen blei-, asbest- und plastikfrei?
Tritt im Haus Feuchtigkeit auf?

3) Feuer: Verursacht die Heizanlage giftige Abgase?
Stehen Wohn- und Schlafraum unter zu hoher Elektrizität (zu viele Steckdosen, zu viele Elektrogeräte)?
Habe ich genügend natürliches Licht?

4) Luft: Hat mein Haus eine gute, natürliche Durchlüftung?
Sind meine Heizeinrichtungen gut ventiliert?

Erfüllen die Küchen- und Badezimmerventilatoren ihre Aufgabe?

Ein gesundes Haus sollte folgende Merkmale aufweisen:

- Natürliche Materialien wie Stein, Ziegel, Holz, Naturfarben und unbehandelte Stoffe in Bau und Einrichtung;
- gut isolierte Wasserleitungen (vorzugsweise aus Kupfer);
- eine funktionierende und umweltfreundliche Heizanlage;
- gute Durchlüftung und viele Pflanzen (Luftbereinigung);
- frei von Chemikalien (Einrichtung, Farbe, Putzmittel).

4. Umwelt-Schutz

Die alte lateinische Weisheit “Mens sana in corpore sano” muß am Ende des 20. Jahrhunderts neu übersetzt werden: Der Mensch kann nur gesund sein, wenn seine Umwelt gesund ist.
In diesem Teil des indianischen Weges, in dem es um die Erde, um unsere physische Existenz geht, müssen wir fragen: Was können wir tun - jeder einzelne von uns - Sie, der Sie gerade diese Zeilen lesen, um eine weitere Belastung des gestörten Gleichgewichts der Erde zu vermeiden?

Die Indianer geben klare Antworten: 25 einfache Dinge, die Sie leicht und ohne Anstrengung tun können. Teilen wir sie wiederum in die Vier Elemente auf.

a) Was du für das Erd-Element tun kannst

Schütze die Wälder und Felder, indem du:

- *deinen Papierverbrauch einschränkst und jedes Stück Papier recyclest;*
- *deinen Holzverbrauch einstellst. Wiederverwende vorhandenes Holz und benütze Altholz und gesammeltes Holz zum Verbrennen;*
- *alle Materialien recyclest und auf Naturprodukte (anstelle von Plastik und Styropor) zurückgreifst;*
- *neue Bäume pflanzt;*
- *Pflanzenreste und Küchenabfälle in einem Komposthaufen sammelst und als Dünger verwendest;*
- *keinerlei Chemikalien auf Pflanzen sprühst (es gibt immer natürliche Alternativen);*
- *chemiefreie Produkte und Lebensmittel kaufst;*
- *auf Verpackungsmaterial beim Einkauf verzichtest;*
- *dich in deiner regionalen Wald- und Landschaftsschutz-Organisation aktiv einsetzt.*

b) Was du für das Luft-Element tun kannst

Schütze Luft und Erdatmosphäre, indem du:

- *Autofahren vermeidest und auf öffentliche Transportmittel, Fahrrad und Gehen umsteigst;*
- *deine Heizanlage im Haus und dein Auto stets auf Abgase hin untersuchst;*
- *keine Sprühdosen mehr benutzt;*
- *dich in deiner Gemeinde für Emissionskontrolle aller Häuser und Betriebe stark machst.*

c) Was du für das Wasser-Element tun kannst

Schütze Flüsse, Seen und Meere, indem du:

- *niemals Abfälle in Gewässer wirfst;*
- *nur noch biologisch abbaubare Wasch- und Reinigungsmittel benutzt, die unsere Gewässer schonen;*
- *alte Arzneien, Reinigungsmittel, Farben und Öle zur nächsten Sondermüllverwertungsstelle bringst; schütte sie niemals in den Ausguß!*
- *die Kanalisation in deinem Haus und deiner Gemeinde in Ordnung hältst;*
- *deinen Wasserverbrauch einschränkst;*
- *dich an örtlichen Reinigungsaktionen an deinem Fluß, an deinem See, an deiner Küste beteiligst.*

d) Was du für das Feuer-Element tun kannst

Bewahre unsere Energiequellen, indem du:

- *so wenig wie möglich mit dem Auto fährst und auf öffentliche Transportmittel, Fahrrad und Gehen umsteigst;*
- *Heizenergie sparsam verwendest;*
- *dein Haus gut abdichtest;*
- *den Gebrauch von Elektrogeräten einschränkst;*
- *sparsamer mit elektrischem Licht umgehst;*
- *dich für den Ausbau natürlicher Energiegewinnung in deiner Nachbarschaft (Solar-, Wind-, Erdenergie) engagierst.*

Die Umweltschutzbewegung in Europa und in den USA hat diese Richtlinien übernommen und seit Jahren propagiert. Wichtig ist nun, daß diese Maßnahmen von jedem einzelnen ergriffen werden. Ich bitte Sie persönlich, sich mit diesen 25 einfachen Schritten für den Schutz unserer Umwelt einzusetzen.

Luft = Verstand

Ohne Luft kann Leben nicht existieren. Der Mensch mag ohne Wasser ein paar Tage aushalten, ohne Sauerstoff ist er in Minuten tot. Im menschlichen Körper kennen wir den gleichen Prozeß: Hört das Herz auf zu schlagen, dann kann der Mensch noch eine Weile überleben, wiederbelebt werden etc. Kommt jedoch das Gehirn zum Stillstand, dann ist "die Luft aus dem menschlichen Körper" (Red Feather), der Mensch ist tot oder besser: von dieser Erlebnisebene in eine andere übergewechselt.
Der Begriff Gehirn wird in diesem Zusammenhang auch von der Medizin als mehr verstanden als nur die physische Masse im menschlichen Kopf. Gehirn umfaßt auch das, was wir Bewußtsein nennen. Überleben ist nach dieser Definition nur möglich, wenn unser Bewußtsein am Leben ist. Dieses Bewußtsein besteht aus den drei Teilen: Verstand, Psyche (Unterbewußtsein) und Geist (Überbewußtsein). Wir sind nur gesund, wenn alle drei Bewußtseinsteile in Harmonie mit dem Körper vibrieren.
Nach Meinung der Indianer, die ich voll unterstütze, ist in den westlich-zivilisierten Ländern der Verstand jedoch zur dominierenden Kraft des Kräftequadrats Körper-Verstand-Psyche-Geist geworden - geradeso, als ob wir zuviel Luft bekämen. Ich habe bereits auf die Folgen dieses Ungleich-

gewichts hingewiesen: Geld- und Machtgier, Konkurrenzdenken, Gleichgültigkeit gegenüber der Natur, resultierend in Angstzuständen und psychosomatischen Symptomen wie Kopf- und Rückenschmerzen u. a.

Bewußtsein und Unterbewußtsein

Unser bewußtes Selbst setzt sich aus Wille, Verstand, Logik und den fünf Sinnen zusammen. Es formt unser Ego aus den Anschauungen, Gewohnheiten und Verhaltensmustern.

Das unterbewußte Selbst - ich wähle hier unterbewußt statt unbewußt, da wir uns dieses Teils unseres Selbstes ja durchaus bewußt sind, auch wenn wir dieses Wissen oft verdrängt haben - sind unsere Gefühle, Träume, Intuitionen und die Verbindung zum überbewußten Selbst (auch: Höheres Selbst, Überbewußtsein, Geist). Normalerweise wird es vom bewußten Selbst nicht zur Mitbestimmung unseres Lebens zugelassen.

Die Dominanz des bewußten über das unterbewußte Selbst wird mithilfe von Angst (vor dem Neuen, vor Veränderung etc.), mangelndem Selbstvertrauen, Be- und Ver-Urteilung und Schuld - "Gefühlen" aufrechterhalten. Dem unterbewußten Selbst wird nicht mehr vertraut. Es wird in Ausnahmedomänen zurückgedrängt (Kindheit, Träume, Kunst).
Wir fühlen uns unglücklich, gehetzt, überfordert und bedroht. Aber wohin wir uns auch wenden, jeder steckt in demselben Dilemma: das Unterbewußte ist da, aber in die-

ser Welt scheint kein Platz dafür zu sein. Die Gefühle werden mit Logik und Rationalität unterdrückt, von Arbeitswut, Alkohol, Sex und Drogen überdeckt oder in Besitz- und Machtgier pervertiert. Manchmal brechen sich die Gefühle jedoch Bahn und verursachen Krisen und Verwirrung.
Was können wir gegen die Dominanz des Verstandes tun? Wie können wir innere Balance finden?

Zerstörung und Neuaufbau

Bevor etwas Neues entsteht, muß das Alte zerstört werden. Wir können diesen Prozeß in der Natur beobachten, wo jedes Jahr im Verlauf der Jahreszeiten Altes stirbt und Neues heranwächst. Wir sehen diesen Vorgang auch in der Geschichte, wo sich neue Herrschaftsformen aus den Ruinen der Alten entwickeln. Deutschlands Neuanfänge 1945 und 1990 sind ein Beispiel dafür.
Diese Regel trifft auch für den Menschen zu. Wir können uns nur verändern, wenn wir alte Anschauungen, Gewohnheiten und Verhaltensmuster ablegen und Platz für neue schaffen. Nach Meinung der Indianer ist dieser Hausputz Bedingung für das Erreichen des inneren Gleichgewichts. Nur wenn wir uns von Altem trennen, können wir Denken und Fühlen auf eine neue Stufe stellen und miteinander ausgleichen. Die "Erneuerung" soll dabei alle vier Ebenen (Körper, Verstand, Psyche, Geist) umfassen.

Wasser = Psyche

Dem Verstand als der erschaffenden, männlichen Energie steht die Psyche (Seele) als empfangende, weibliche Energie gegenüber. Beide Energien sind wie der Plus- und Minus-Pol in der Elektrizität: beide sind notwendig, um Spannung=Leben zu erzeugen. Aber handeln wir danach? Lassen wir wirklich den Minus-Pol, das Empfangende, zu Wort kommen?

Ich habe in der Einleitung des Buches gezeigt, daß wir im Lauf der Geschichte das Gegenteil getan haben. Wir haben dem Verstand das Zepter über unser Leben übertragen. Die Folgen: Zerstörung der Umwelt, Krieg, physische und psychische Krankheiten und spirituelle Orientierungslosigkeit.

Ich habe erläutert, daß eine Heilung der Welt und des Menschen nur möglich ist, wenn die Verstandes-Dominanz gebrochen wird und wir die Psyche als gleichberechtigten Entscheidungs- und Handlungsträger in unserem Leben anerkennen. Das heißt: wir müssen beginnen zu fühlen und zu lieben. Als erste Schritte in diese Richtung hatte ich empfohlen, den Körper wieder in Balance zu bringen und den Verstand von überholten Konzepten zu reinigen.

Der nächste Schritt, um den es im folgenden gehen wird, muß die volle Integration unserer Psyche und unseres Geistes in unser tägliches Leben sein.

Die Psyche - ein Begriff, den ich bewußt wähle, da der deutsche Ausdruck 'Seele' zu sehr mit religiösen Vorstellung behaftet ist - ist jener Teil unseres Bewußtseins, der uns im Wachzustand nicht voll bewußt ist, weswegen oft das Synonym “Unterbewußtsein” verwendet wird. Gerade die Tatsache jedoch, daß die Psyche als unterhalb der Oberfläche des Bewußtseines empfunden wird, ist unser Problem, denn die Psyche umfaßt unsere Gefühle und Intuitionen, unsere Phantasien und Träume - allesamt Botschaften unseres Selbst. Sie ans Tageslicht zu fördern und in unser Leben zu integrieren, ist der einzige Ausweg aus der Logik- und Ratio-Dominanz unserer Kultur. Diese Kultur hat den unbewußten Teil unseres Selbst lange genug unterdrückt - eben weil das Unterbewußte nicht mit logischen Maßstäben meßbar ist, und weil unser Verstand alles ablehnt, was er nicht kontrollieren kann.

Mit der Unterdrückung und Verdrängung des Unterbewußten haben wir uns jedoch des Genies beraubt, das in uns wohnt. Unser größter Lehrer und Heiler ist zu einem Schattendasein verdammt worden, und nur ab und zu, wenn wir von einem starken Gefühl übermannt werden oder durch Drogen und Alkohol unsere rationale Kontrolle verloren haben, taucht er auf und rüttelt uns wach.

Die Indianer Nordamerikas zeigen uns den Weg, wie wir diesen Lehrer und Heiler in uns aktivieren und damit unserem Leben eine neue Dimension geben können. Eine Lösung unserer inneren und äußeren Konflikte ist ohne unsere Psyche nicht möglich. Unser Ziel muß es sein, mit der Psyche Kontakt aufzunehmen und ihre Botschaften ernst zu nehmen. Wir müssen lernen, diese Botschaften - die Gefühle, Intuitionen, Phantasien und Träume - zu sehen und zu hören. Vier Schritte sind dazu notwendig:

1. Erkenne deine Gefühle.
2. Löse dich von negativen Gefühlen.
3. Beobachte deine Träume und Phantasien.
4. Folge deiner Intuition.

Feuer = Geist

Das Element Feuer ist im menschlichen Körper in den Nerven und den Sexualorganen ausgedrückt. In der Natur ist es in Uranenergie, Magnetfeldern und Sonnenenergie erfahrbar. Sie erinnern sich: Muskeln und Knochen machen das Erd-Element, Atem und Kopf das Luft-Element und Blut und Herz das Wasser-Element aus.

In der Überschrift zu diesem letzten Teil des indianischen Wegs wird Feuer mit Geist gleichgesetzt. Aber, fragen mich stets meine Seminarteilnehmer, entspräche der Geist=das Überbewußtsein nicht eher dem Luft-Element? Die Zeitschrift *Esotera* (September 1991) geht sogar noch weiter. Im Interview mit Hans-Dieter Leuenberger, dem Autor des bemerkenswerten Buches Engelmächte, zieht die Interviewerin Irene Dalichow den Schluß:
"Eine Gleichsetzung von Feuer und Spiritualität ist nicht korrekt." Leuenberger hatte zuvor ausgeführt:
"Feuer soll gleichgesetzt werden mit Dynamik, mit Energie und Kraft - im Rahmen von Sexualität, von einer gesunden Aggression, einer Vitalität. Das Zupacken, das ist auch Feuer, meine ganze Lebenskraft, also alles, was mich am Leben erhält. Aber all das ist auf die Verhältnisse hier in der Materie bezogen."

Die Definition von Feuer aus dem Mund meiner indianischen Lehrer klingt zunächst ganz wie Leuenberger: Feuer ist Dynamik, Kraft und Energie. Feuer ist Licht und Wärme. Feuer erschafft. Aber dann kommt die grundlegende Erweiterung der Definition von Leuenberger: Die Lichtenergie des Feuers ist die Energie, die Körper (Materie) und Kosmos (jenseits der Materie) zusammenhält. Diese Lichtenergie drückt sich als Sexual- und Lebenskraft im körperlichen Bereich, als Vitalität und 'Zupacken' auf der intellektuellen Ebene, als Erfahrung von Liebe und Intuition im emotionalen Teil unseres Selbst und als Erleuchtung in der spirituellen Erfahrungsebene aus.

Aber auf welche Stufe wir uns auch konzentrieren: Die Feuerenergie will (wie die Wasserenergie) erlebt werden. Die Feuerenergie ist das Pferd, das uns zur Erleuchtung trägt. Aber wie können wir diese Energie anregen, so daß wir eine Erfahrung dieser Erleuchtung machen?

Sollen wir diese Energie körperlich anziehen? Jahrhundertelang wurden wir davor gewarnt, Geist und Körper zu verbinden. Wenn wir jedoch die spirituellen Traditionen betrachten, dann fällt auf, wie die oft beschriebene mystische Verschmelzung, die *unio mystica*, der sexuellen Ekstase der Liebenden gleicht. Es überrascht von daher nicht, daß viele Heilige ihre Beziehung mit Jesus als Liebesbeziehung beschreiben. Das freie Sich-Hingeben des Sexualaktes kann auch mit der Hingabe in der Meditation verglichen werden. Wie beim Liebesakt hören in der Meditation Raum und Zeit auf zu existieren. Tarthang Tulku, ein tibetanischer Lama, schreibt in seinem Buch "Openess Mind": "Liebesakt wie Meditation ist die physische (Erdelement), verstandesmäßige (Luftelement) und emotionale (Wasserelement) Hingabe."

Die sexuelle Energie ist der körperliche Ausdruck der spirituellen Energie (siehe auch buddhistische Sexualethik und tantriche Lehre). Kann diese Energie auch im Verstand erfahren werden? Ja, aber nur unter Zuhilfenahme des Gefühls: Sie kann zum Helfer des Verstandes eingesetzt werden, was jedoch ein Erleben=Erfühlen der Energie notwendig macht. Die Feuerenergie erfahren, heißt also in erster Linie, sie spüren.
In der indianischen Tradition wird das Erleben der spirituellen Energie auf allen vier Seins-Ebenen angestrebt. Mit Symbolen und Ritualen werden Körper, Verstand und Psyche zur Erfahrung des Geistigen angeregt.

Die Indianer verstehen und erleben die Symbole des Unterbewußtseins als Energien. Diese Erfahrung ermöglicht es ihnen, die rituellen Symbole, die sie für ihr spirituelles Erleben einsetzen, mit ihrem ganzen Wesen zu erfassen. Wir haben oft Probleme, die Hingabe der Indianer, zum Beispiel bei ihren Tänzen, nachzuvollziehen, da wir Symbolen nur mit unserem Verstand begegnen, sie nüchtern analysieren. In unserer Verstandeskultur kann daher das Spirituelle zwar erdacht (siehe Wissenschaft der Theologie), aber nur von wenigen erlebt und erfahren werden.

Wenn wir den indianischen Weg zur Öffnung unseres spirituellen Selbst gehen und verstehen wollen, dann müssen wir uns als Grundregel vor Augen halten, daß die Indianer alle vier Ebenen, alle Vier Elemente, in ihr spirituelles

Erleben einbeziehen. Sie regen mit Ritualen Körper und Verstand an und öffnen ihre Psyche mit Symbolen, wenn sie die Verbindung zum Geist, zum *Spirit*, herstellen wollen. Daher müssen wir die vier Stationen dieses Weges genauer betrachten. Es handelt sich um:

1. Verstehen der Rituale;
2. Anwenden von Symbolen;
3. Suche nach Visionen (*Vision Quest*);
4. Kontakt mit den geistigen Helfern (*Spirit buides*).

Auf dem indianischen Weg der Vier Elemente, den die Lakota-Indianer *Tate Topa* nennen, geht es also darum, zunächst eine innere und äußere Balance herzustellen. Das betrifft jeden Menschen, der ausgeglichen und glücklich sein will. Auf dem Weg in die Sonne, *Wiyo Ate,* den ich im nächsten Kapitel kurz beschreiben will und dessen Meditationen und Übungen Teil II dieses Buches ausmachen, geht es darum, wie wir Männer zu uns finden können.

4. Wiyo Ate

Nicht nur die Indianer wissen, daß Vater Sonne *(Wiyo Ate)*, die Feuerenergie, mit dem Männlichen zu tun hat. In den meisten Sprachen der Welt ist die Sonne maskulin. Daß sie im Deutschen femininen Geschlechts ist, bedeutet jedoch keine Umkehrung der Natur, sondern macht durchaus Sinn, wenn wir uns, das Thema dieses Buches im Hinterkopf, genau damit beschäftigen.

Mann sein, im indianischen Verständnis, kann nur derjenige, der auch seine weibliche Seite akzeptiert und lebt, und weil die meisten Männer im Westen dies nicht tun, haben sie Probleme mit ihrer Männlichkeit. Daher trifft viele Männer die Wechseljahre besonders hart, in denen sich die Ausschüttung der männlichen und weiblichen Hormone im Körper zu Ungunsten der männlichen ausbalanciert. Das Weibliche fordert nun sein Recht, auch wenn es sich äußerlich nur an den verstärkt auftretenden Rundungen zeigt. Unsere männliche und unsere weibliche Energie drängen zum Ausdruck. In Teil II werde ich im ersten Kapitel ausführlich beschreiben, wie wir unsere weibliche Energie aktivieren und mit der männlichen ins Gleichgewicht bringen können.

Aus dem vorhergehenden Kapitel wissen wir bereits, daß sich die weibliche Energie aus den Elementen Erde und Wasser zusammensetzt. Diese indianische Auffassung findet sich in dem schönen keltischen Bild wieder, das die Frau als die Spur des Mondes auf dem Wasser darstellt. Um diese Energie zu leben, ist es notwendig, körperlich zu sein und das Physische zu betonen (Erde), aber auch emotional, und Gefühle anzunehmen (Wasser).

Den ersten Schritt, seine Seele zu entdecken, seine Gefühle zu leben, habe ich bereits einige Seiten zuvor bei den Männerseminaren verraten: Folge deinen Wünschen! Die Indianer fügen dem noch hinzu: Schaffe dir einen intimen, inneren Raum (Das Haus deiner Seele), zu dem nur du allein Zutritt hast.

Als ich dies das erste Mal hörte, verstand ich plötzlich, warum sich Carl Gustav Jung immer wieder in seinen Bollinger Turm zurückzog.

Diesen inneren Raum gegen die Außenwelt zu verteidigen, ist die Aufgabe des inneren Kriegers, der Bär-Energie, die jeder von uns anrufen und in sich erwecken kann. Sie ist Teil der männlichen Energie, um dic cs im *Wiyo Ate* unter anderem geht. Diese innere Stärke können wir durch die Kraft der Natur in uns aufbauen. Wie wir das tun, zeige ich im zweiten und dritten Kapitel von Teil II.
Der innere Krieger entscheidet sich immer für das, was ihm am liebsten ist, und erweckt damit im Blyschen Sinne den inneren König. Er hat sich also selbst initiiert.

Männliche Energie, die jedoch nur auf sich selbst bezogen bleibt, verbrennt den Mann, so wie Ikarus' Flügel von den Sonnenstrahlen versengt wurden. Der einzig befriedigende Ausdruck der maskulinen Energie ist die Adler-Energie des äußeren Kriegers, der sich in den Dienst einer Sache stellt, die größer ist als er. Darum geht es im vierten und letzten Kapitel von Teil II. Der äußere Krieger ist jene

Rolle des Mannes, die in unserer heutigen Zeit gefragt ist. Wir brauchen in unserer zerstörten Umwelt den Krieger, der um das kämpft, was ihm heilig ist: die Erde.

Erlauben Sie mir an dieser Stelle zwei Einschränkungen. Die erste: Ich hätte die oben nur kurz skizzierten Erläuterungen über die Lage der Männer heute auch auf die Länge eines gesamten Buches ausdehnen können. Aber darum geht es mir nicht. Wenn Sie mehr theoretischen Hintergrund zur Rollenkrise des modernen Mannes brauchen, dann lesen Sie bitte eines der Bücher, die ich hinten im Anhang in der Bibliographie aufgeführt habe.

Die zweite Einschränkung: Ziel dieses Buches ist es, Ihnen Übungen und Meditationen vorzustellen, die Ihnen helfen, Ihre Rolle als Mann neu zu definieren und zu leben. Ich habe dafür aus meiner Erfahrung mit den Indianern bewußt jene Übungen ausgewählt, die mit unserer Kultur harmonieren, und die Sie überall durchführen können. Darin sehe ich den einzigen sinnvollen Auftrag, den mir der Schamane und Medizinmann EagleBear als mein Lehrer erteilt hat. Indianische Zeremonien darzustellen, ist weder Sinn noch Zweck dieses Buches.
Eine genaue Beschreibung etwa eines *Wiwanyag Wachipi*, eines rituellen Sonnentanzes oder des Brauches *Otuha*, der der Totenverehrung gewidmet ist, oder auch der Tradition der Blutsbrüderschaft (*Hunkapi*), sollte den Indianern als Teil ihrer Religion vorbehalten bleiben. Sie sind in den Büchern von Mails und McGaa (siehe Bibliographie) gut beschrieben.
Wenn ich andere religiöse Bräuche wie Schwitzhütte (*Inipi*), Visionssuche (*Hanblecheyapi*), oder die Anrufung

höherer Energien (*Yuwipi*) mit heranziehe und erwähne, dann nur, um das zu vermitteln, was sich auf uns übertragen läßt. Daß damit weder der Hintergrund noch die Tiefe der indianischen Religion ausgelotet werden können, dessen bin ich mir sehr wohl bewußt.

Teil II

Die neue Zeit

Indianische Übungen und Meditationen für ein neues Bewußtsein

Sie werden im folgenden mit einigen Übungen und Meditationen vertraut gemacht, die Ihnen helfen werden, zu sich selbst zu finden und zufriedener und ausgeglichener zu werden. Lassen Sie mich aber zunächst den westlichen Begriff der Meditation, der vom lateinischen Verb meditari = nachsinnen abgeleitet ist, auf indianische Sichtweise übertragen.

Meditation bedeutet im Zusammenhang dieses Buches nicht den von den fernöstlichen Religionen angestrebten Zustand der Versenkung um mit dem Om, dem Allumfassenden eins zu werden. Meditation bedeutet in der sehr erdnahen Lebensweise der Indianer eine Fokussierung des Bewußtseins für alle möglichen Zwecke: zur inneren Balance, zum Aufnehmen von Energie, zur inneren Reinigung, zur Entdeckung des Lebenswegs und der bevorstehenden Aufgaben (*Vision Quest*), zur Kontaktaufnahme mit den geistigen Helfern und erst dann - wie in der fernöstlichen Tradition - zum Einswerden mit der Schöpfung. Meditation ist für die Indianer also in erster Linie eine Technik der Lebenspraxis.

Die Mittel, diesen Zustand der Fokussierung zu erreichen, sind bei den Indianern auch weniger reglementiert als in

den fernöstlichen Meditationsschulen. Nach der indianischen Lebensanschauung - jeder Mensch ist ein unverwechselbares Individuum - lehnen die Indianer hier - wie auch sonst - starre Regeln ab. Es gibt keinen vorgeschriebenen Atemrhythmus, wenn auch die meisten Schamanen ein gleichmäßiges, tiefes Ein- und Ausatmen praktizieren, und keine vorgeschriebene Sitzhaltung: dennoch wird der sogenannte Schneidersitz vorgezogen.
Die Indianer meditieren beim Singen genauso wie beim Trommeln, beim Tanzen genauso wie beim Gehen, im Gebet genauso wie in der Stille. Meist reinigen sie zuerst sich selbst und ihre Umgebung durch das Verbrennen von getrocknetem Süßgras und/oder Salbei. Nach meiner Erfahrung genügt dieser symbolische Reinigungsakt bereits, um in einen meditativen = fokussierten Bewußtseinszustand zu gelangen.

Warum überhaupt Meditation? Ist es nicht eine esoterische, pseudoreligiöse Mode, die gerade uns Männern unmännlich erscheint? Die Indianer geben eine klare Antwort: Meditation als innere Sammlung ist der einzige Weg für den Krieger, seine Kraft zu konzentrieren. Ohne Meditation wirst du weder Bär noch Adler. Ohne Meditation wirst du von innen verwirrt und von außen "übermannt". Ohne Meditation fehlt dir die Orientierung in deinem Leben.

Wenn Sie die nachfolgenden Meditationen machen, dann sorgen Sie dafür, daß Sie ungestört sind. Setzen oder legen Sie sich bequem hin. Überkreuzen Sie dabei weder Ihre Arme noch Ihre Beine, um eine gleichmäßige Blutzirkulation zu gewährleisten. Schließen Sie die Augen, damit Sie ganz in Ihrem inneren Raum sind. Atmen Sie mehrere

Male tief, langsam und gleichmäßig durch und folgen Sie dann den Empfehlungen der nächsten Seiten. Bitte unterschätzen Sie die von den Meditationen ausgelösten inneren Prozesse nicht. Ich empfehle Ihnen daher dringend, sich ausreichend Zeit zu nehmen.

1. Mann - Frau

Wie wir beide Seiten unseres Ich wieder in Harmonie bringen

Der erste Schritt zu Behandlung und Genesung ist immer die Bestandsaufnahme. Bevor wir darangehen, den Mann in uns zu kurieren, müssen wir uns beide Seiten unserer Persönlichkeit, unsere Polarität, bewußt machen. Wir müssen erkennen, welche Seite, die weibliche oder die männliche, zu Gunsten der anderen unterdrückt oder ignoriert wurde. Wir müssen herausfinden, in welchem Verhältnis unsere magnetische (weibliche) Energie zu unserer dynamischen (männlichen) steht. Dann wird uns klar, in welchem Bereich wir arbeiten müssen, um unsere innere Balance wiederzufinden.

Wenn Sie in der nachfolgenden Meditation etwa feststellen, daß Sie sich zu drei Vierteln im dynamischen Bereich und nur zu einem Viertel im magnetischen Feld bewegen, dann sollten Sie sich darauf konzentrieren, Ihren magnetischen Aspekt zu steigern.
Nach meiner Erfahrung sind viele Männer dazu erzogen worden, ihre magnetische Seite zu unterdrücken. Das bedeutet, sie haben einige ihrer stärksten Kräfte - Gefühl, Intuition, Vorstellungskraft und Kreativität - unterdrückt. Um diese Kräfte zu wecken, müssen diese Männer ihre weibliche Seite öffnen (was oft aus der Angst heraus, ein “Softie” zu werden, unterbleibt). Das heißt zwar, die Gefühlsseite stärker zu betonen, um ein inneres Gleichgewicht herzustellen, nicht jedoch, feminin zu werden. Nur diese innere Balance eröffnet uns das optimale und maximale Kräftepotential.

Probieren Sie es doch gleich einmal aus. Setzen oder legen Sie sich bequem hin. Atmen Sie ruhig, langsam und gleichmäßig ein und aus. Lesen Sie dann die nachstehende Meditationsanleitung durch. Nun schließen Sie die Augen und stellen sich die Szene so vor, wie Sie sie gerade gelesen haben.

Meditation: Die weiblich-männliche Balance

Entspanne dich. Während sich dein Verstand auf das Kräfte-Verhältnis zwischen Weiblich und Männlich in dir konzentriert, siehst du einen Kreis (ein Medizinrad) vor deinem geistigen Auge entstehen. Stell dir vor, daß eine Linie zwischen Nord- und Südpunkt verläuft. Links von der Linie ist das Feld der männlichen, rechts von der Linie das der weiblichen Energie.
Nimm jetzt langsam vier tiefe Atemzüge und bitte dann dein Unterbewußtsein, die Linie nach rechts oder nach links zu verschieben - je nachdem, welcher Teil größer werden soll. Betrachte jetzt den Kreis: welche Seite ist größer?
Wenn die linke Kreishälfte angewachsen ist, dann mußt du deine weibliche Seite mehr betrachten und ausdrücken. Wenn die rechte Hälfte größer geworden ist, dann mußt du mehr deine männlichen Energien ausleben.

Was kannst du tun?
Wenn du mehr weibliche Energien brauchst, ist die indianische Methode, dich nackt auf die Erde zu legen und deinen Körper mit Erdreich einzureiben. Wenn du mehr männliche Energie brauchst, dann setze dich nackt in Richtung zur aufgehenden Sonne und bitte um Kraft.

Selbst, wenn du diese Methode aus praktischen Gründen nicht durchführen kannst, gibt es eine Reihe von Möglichkeiten, dich auszubalancieren.

Mußt du weicher werden, mehr weibliche Energie aktivieren, dann:

- *Höre Musik, lies Bücher oder sieh Filme, die dich emotional aufwühlen;*
- *Geh, sooft du kannst, in die Natur;*
- *Koche oder verrichte Hausarbeit;*
- *Bring deine Kreativität zum Ausdruck, indem du singst, tanzt, malst, schreibst etc.;*
- *Akzeptiere Hilfe von anderen;*
- *Sei passiv und pflege den Müßiggang.*

Mußt du deine männliche Energie aktivieren, dann:

- *Stärke deinen Körper mit Sport und Fitnessprogrammen;*
- *Sei aktiv in deinem Beruf;*
- *Erledige alle handwerklichen Arbeiten im Haus;*
- *Entwickle Ziele und Projekte;*
- *Sei ein Abenteurer und tue Dinge, die du noch nie getan hast.*

Neben diesen praktischen Übungen stelle ich Ihnen im folgenden noch zwei weitere Meditationen vor, die Ihnen helfen werden, Ihre weibliche und Ihre männliche Seite in Balance zu bringen.

Meditation: Einmal Frau sein

Entspanne dich mit den gewohnten tiefen Atemzügen. Dann stell dir vor, du wärst eine Frau (wenn du als Frau diese Übung machst, stell dir vor, du wärst ein Mann): Wie würdest du aussehen als Frau? Stell es dir vor. Was wären deine Vorlieben? Wie würden die Männer (Frauen) aussehen, zu denen du dich hingezogen fühlst? Was würde sich an deinem Leben ändern? Würdest du die gleichen Ziele haben wie bisher? Würdest du ähnlich fühlen wie bisher?
Laß einfach deine Phantasie sprechen. Sei einmal für einige Minuten eine Frau (ein Mann). Und dann vergleiche diese Vorstellungen und Bilder mit deinem jetzigen Leben.

In meinen Seminaren habe ich die Erfahrung gemacht, daß diese kleine Übung oft der Auftakt zu einer Neuorientierung unseres Rollenverständnisses ist.
Eine weitere, sehr wirkungsvolle Meditation läßt Sie beide Teile Ihrer Persönlichkeit integrieren. Es ist die Konfrontation mit Ihrem Gegenüber. Dabei wenden Sie die alte indianische Technik der Höhle und des Krafttieres (mehr darüber in Kapitel 3) an. Folgen Sie einfach den nachstehenden Anweisungen.

Meditation: Konfrontation mit dem Gegenüber

Entspanne dich. Atme tief ein und aus. Stell dir dann vor, wie über dir eine gleißend helle Lichtquelle entsteht und dich mit weißem Licht überflutet. Bade dich darin. Dieses weiße Licht ist dein Schutzmantel für alle Exkursionen ins Unterbewußte.

Stell dir jetzt den Eingang zu einer Höhle oder Erdöffnung vor. Während du darauf zugehst, bitte deinen Schutzgeist oder dein Krafttier - jene Energie also, die dich beschützt und dir Kraft gibt - bei dir zu sein. Wenn du deine Schutzenergie (Helfer, Engel oder Krafttier) als konkretes Bild vor deinem geistigen Auge siehst, umso besser.

Gehe jetzt ins Erdinnere und bitte deine Schutzenergie, dich deinem Gegenüber, deiner schwächeren Seite (sei es die weibliche oder die männliche) vorzustellen.
Ich habe in manchen Fällen erlebt, daß Männer ihre magnetische (weibliche) Seite als Hexe oder Vamp oder als übelgesinntes Wesen erlebt haben. Wenn das für dich zutrifft, stelle dich der Auseinandersetzung. Bitte deine Schutzenergie um Hilfe oder Rat, wenn nötig.
Schau dir dein Gegenüber genau an, sprich mit ihm, verständige dich mit ihm. Und wenn du am Ende dieses Gegenüber akzeptiert hast, dann verschmelze mit ihm.
Nimm dir Zeit für diesen wichtigen Prozess. Binde deine Schutzenergie in diesen Vorgang mit ein. Hör auf ihren Rat.

Und dann, wenn du das Gefühl hast, mit deinem Gegenüber eins geworden zu sein, steig aus dem Erdinneren wieder an die Oberfläche empor. Danke deiner Schutzenergie. Dann setz dich hin und notiere die gewonnenen Erfahrungen in dein Journal oder Tagebuch, das du für alle inneren Prozesse immer zur Hand haben solltest.

Der erste Schritt zum Ausgleich Ihrer weiblichen und männlichen Seite ist damit getan. Wiederholen Sie die drei Meditationen so oft, bis Sie eine Veränderung spüren.

Erwarten Sie bitte nicht, daß diese Übungen, mal so eben en passant gemacht, Ihr Leben verändern. Sie müssen schon richtig daran arbeiten, und bitte halten Sie Ihre Fortschritte in Ihrem Journal oder Tagebuch fest! Sie werden merken, wie sich langsam die Balance einstellt. Und darüber hinaus sparen Sie eine Menge Geld an Therapiekosten.

Der nächste Schritt zum inneren Gleichgewicht sind zwei Meditationen, die Ihnen helfen, sich mit dynamischer oder magnetischer Energie aufzuladen. Ich empfehle sie Ihnen besonders dann, wenn Sie in der Meditation Die *weiblich-männliche Balance* ein Ungleichgewicht festgestellt haben, oder wenn Sie aus sich heraus fühlen, daß Ihnen im Moment gerade die eine oder die andere Energie fehlt. Wenn Sie zum Beispiel mehr dynamische (männliche) Energie brauchen, dann rate ich Ihnen zu der folgenden:

Meditation: Die dynamische Energie

Suche dir einen Platz, von dem aus du die Sonne sehen kannst. Wenn der Himmel wolkenverhangen ist, dann stell dir vor deinem geistigen Auge einen Sonnentag vor. Wenn du die Übung zuhause machst, dann schaue einfach mit geschlossenen Augen in eine Lampe. Entspanne dich und wende dein Gesicht der Sonne zu.
Spüre die Wärme und sieh durch die geschlossenen Lider die feuerroten Energieströme der Sonne. Konzentriere dich auf diese Energie. Laß sie in dich einströmen, dich erfüllen. Fühle, wie sich die Feuerenergie der Sonne mit deinen eigenen Energien zu einem warmen, rotfarbenen Strom vereinigt. Spüre, wie dieser Strom von Kopf bis Fuß deinen ganzen Körper durchpulst.

Wenn du dich genug aufgeladen hast, dann danke der Feuerenergie und komme wieder langsam ins Hier und Jetzt zurück. Du wirst fühlen, wie entspannt und gleichzeitig energiegeladen du jetzt bist.

Wenn Sie sich nicht allzusehr von meinen männlichen Seminarteilnehmern unterscheiden, werden Sie häufiger Ihre weibliche Seite stärken müssen, das heißt: magnetische Energie in sich aufnehmen wollen. Dazu empfehle ich Ihnen die folgende Meditation.

Meditation: Die magnetische Energie

Gehe an einen Ort in der Natur, der dir angenehm ist und wo du ungestört bist. Wenn das nicht möglich ist, dann stell dir diesen Ort vor deinem geistigen Auge vor. Setz oder leg dich auf den Erdboden und entspanne dich.

Fühle eine Quelle hellen, gleißenden Lichts über dir und stell dir vor, wie sich dieses weiße Licht über dich ergießt, dich einhüllt in wohlige Wärme. Danke der Erde, daß du auf ihr ruhen darfst und sende ihr als Zeichen des Dankes die weiße Lichtenergie, die in dir ist, indem du sie einfach über deinen Körper in die Erde abfließen läßt.

Bitte jetzt die Erde um ihre Kraft. Stell dir vor, wie aus dem Erdinneren warme, braune Energie heraufsteigt und in deinen Körper einfließt. Fühle die sanfte Kraft der Erde sich über deinen gesamten Körper ausbreiten. Fühle, wie du mit der Erde verbunden bist. Dein Körper ist jetzt voll-

kommen entspannt und warm. Bleibe in diesem Gefühl, solange du magst.

Wenn du später wieder ins Hier und Jetzt zurückkehrst, dann danke der Erdenergie. Dein Empfinden der Wärme und Ausgeglichenheit wird bleiben.

Beide Meditationen können beliebig wiederholt werden, wann immer Sie das Gefühl haben, mehr dynamische oder magnetische Energie zu brauchen. Beide Übungen sind gleichzeitig auch eine Einführung in den zweiten Teil der inneren Arbeit, der Sie sich stellen müssen, nachdem Sie Ihre weiblich-männliche Balance in Ordnung gebracht haben. Denn jetzt geht es darum, die positive männliche Kraft in Ihnen zu wecken beziehungsweise zu verstärken: den inneren Krieger. Also: die Bär-Energie zu aktivieren, die Ihnen helfen wird, Ihrer männlichen Bestimmung gemäß zu handeln. Ohne diese Bärenkraft wird ihnen die Auseinandersetzung mit Ihren dunklen Seiten nicht gelingen (um die es im dritten Kapitel geht), wird Ihnen der Mut fehlen, die Verantwortung für Ihr Leben als Mann zu übernehmen - oder wie es der Volksmund ausdrückt: Ihren Mann zu stehen.

2. Wachipi

Wie uns die Kraft der Natur wieder stark macht

Die positive männliche Energie, von den Indianern die *Kraft des Bären*, von Robert Bly die *Zeus-Energie* genannt, eröffnet sich uns, wenn wir lernen, mit den Elementen der Natur umzugehen. Wir können diese Elemente für uns nutzen, wenn wir beginnen, mit ihnen zu kommunizieren.

Durch die Verbindung mit diesen Elementen und Geschöpfen der Natur nehmen wir die Energie und Kraft des Bären in uns auf, da wir auf der Ebene der Schwingungen - eine Tatsache, die jetzt immer häufiger von der modernen Wissenschaft bestätigt wird - durchaus die Möglichkeit haben, mit anderen Wesen zu kommunizieren, auch wenn wir deren Sprache nicht sprechen. Das Beispiel der Versuche mit Pflanzen, die ausgeprägt auf menschliche Gefühle wie Liebe und Trauer reagieren, ist Ihnen sicherlich bekannt.

Wie können wir mit den Elementen kommunizieren, wie ihre Sprache verstehen? Die Indianer geben eine klare Antwort: Die Kräfte und Botschaften der Steine, Pflanzen, Tiere und Orte sind für jeden zugänglich. Aber wir werden uns nur dann mit ihnen verständigen können, wenn wir sie - wie die Indianer - respektieren. Das heißt, wenn wir aufhören, sie zu mißachten, zu beschädigen oder zu zerstören, denn diese Elemente spüren - so fremd das klingen mag - den Respekt, den wir ihnen entgegenbringen.

EagleBear hat mir das einmal anschaulich vor Augen geführt, als wir in Sedona, Arizona, zusammen ein Seminar abhielten.
Wir saßen auf einem Felsen auf der Airport Mesa, von wo aus man einen einzigartigen Blick auf das Tal von Sedona hat, wir meditierten und baten die Vier Elemente und ihre Kreaturen um Botschaften. Ein Seminarteilnehmer beklagte sich bitter, er könne keine Antworten auf seine Fragen erhalten, er fühle sich unwohl, die Sonne sei zu heiß, und das Gesäß und der Rücken täten ihm auf dem harten Felsen weh. Außerdem plage ihn einer der Sträucher mit seinem durchdringenden Blütenduft.
EagleBear erwiderte ihm:"Was würdest du sagen, wenn dich jemand um Rat bittet, dir aber gleichzeitig sagt, er fühle sich in deiner Gegenwart unwohl: du seist ihm zu anstrengend, er finde dich hart und zurückweisend. Außerdem könne er dich nicht riechen?"
"Ich würde sagen, er solle sich gefälligst an jemand anderen wenden", gab der Seminarteilnehmer zu.
Ein anderer fragte daraufhin EagleBear: "Aber haben wir Menschen die Vier Elemente sowie die Steine, Pflanzen und Tiere nicht viel zu lange geschändet und ausgebeutet? Können wir von ihnen überhaupt noch Hilfe erwarten?"
EagleBear antwortete: "Die Vier Elemente und die Erdwesen (er meint damit Steine, Pflanzen, Tiere) wissen, daß es ihre Bestimmung ist, uns als Nahrung, Kleidung, Behausung usw. zu dienen. Und wenn ihr sie, wie unsere Leute (die Indianer), darum bittet und ihnen hinterher dankt, dann erfüllen sie ihre Bestimmung gerne, denn es ändert sich ja ohnehin nur ihre physische Form, nicht aber ihr geistiges Wesen. Der Grund, warum die Menschheit heute am Abgrund steht, ist, daß wir Menschen genau diesen

Respekt vergessen haben. Weil wir das Gleichgewicht der Schöpfung durch Ausbeutung und Raffgier gestört haben. Weil wir uns nicht mehr gegenseitig dienen: die Elemente als physische Versorger des Menschen, und der Mensch als ihre psychischen Energiespender (durch Bitte und Dank). Dadurch haben wir zwischen den Elementen und uns die Verbindung abgerissen, und dadurch haben wir auch die Quelle unserer inneren Kraft verloren."

Steine-
Wie du ihre Botschaften empfangen kannst

Man muß kein Indianer sein, um zu verstehen, daß Felsen und Steine Lebewesen sind. Sie senden bestimmte Licht- und Ton-Frequenzen aus und haben eine Eigenvibration. Unsere Probleme, sie als lebende Wesen zu verstehen, kommen daher, weil ihre Lebensdauer im Vergleich zu der unsrigen ewig zu sein scheint.

Die Wirkung der Steine auf uns kennen wir, selbst wenn wir noch nie eine persönliche Beziehung zu ihnen hatten. Aus dem Geschichtsunterricht ist uns bekannt, daß Könige und Kaiser sich stets mit Gold, Diamanten und anderen Edelsteinen schmückten - nicht etwa nur, weil es gut und teuer war, sondern weil sie von der Wirkung bestimmter Steine und Edelsteine auf die physische und geistige Gesundheit wußten. Weil heutzutage viele von uns vor allem Klarheit im Bewußtsein anstreben, sind besonders Quarzkristalle in Mode. Ich selbst trage gern den Schmuck der Navajos: Silber mit Türkis. Nach der Erfahrung der Indianer im Südwesten der USA regt Silber an, erhöht also die eigene Schwingungsfrequenz, und Türkis öffnet das Herz und erweckt die Kreativität.

Auch Sie werden sich vermutlich zum einen oder anderen Stein hingezogen fühlen. Vertrauen Sie ruhig diesem Gefühl: Ihr Unterbewußtsein (= Ihr Herz = Ihre weibliche Seite) weiß genau, welcher Stein für Sie gut ist. Sicherlich haben Sie diese Erfahrung auch schon auf Wanderungen oder Spaziergängen gemacht, wenn bestimmte Felsen oder Steine Ihre Aufmerksamkeit erregt haben. Hier gleich eine Bitte: Wenn Sie sich zu einem Stein hingezogen fühlen, machen Sie mit ihm die nachfolgende Meditation, aber lassen Sie ihn bitte an seinem Platz. Dort, wo er liegt, ist sein Zuhause. Respektieren Sie es so, wie Sie auch Ihr eigenes Heim respektiert haben wollen.

Steine sind aber nicht nur Energie-, sondern auch Informationsträger. Sie geben Antwort auf Fragen und dem Hilfesuchenden Rat. Bitte beachten Sie vor Beginn der folgenden Meditationen, daß Sie in sich erst ein tiefes Gefühl des Respekts für Bruder Stein entstehen lassen. Ohne diese Achtung sind alle Versuche der Kommunikation sinnlos.

Meditation: Die Botschaft der Steine

Wenn du wieder einmal in der freien Natur bist, dann betrachte aufmerksam die verschiedenen Steine, denen du begegnest, bis ein bestimmter Stein deine Aufmerksamkeit erregt. Folge diesem Gefühl.

Setz dich vor den Stein und entspanne dich mit den üblichen tiefen Atemzügen. Danke der Stein-Energie dafür, daß sie für dich da ist, indem du etwas Wasser, Mehl und Tabak kreisförmig um den Stein herum auf die Erde sprenkelst, und bitte sie anschließend, sie als Ratgeber befragen zu dürfen. Achte auf die Antwort.
Ich habe schon erlebt, daß es Menschen plötzlich unwohl wurde, daß es zu regnen anfing, oder daß sie das Gefühl hatten, weitergehen zu müssen. Nimm diese Hinweise ernst, denn es kann sein, daß du noch weiter suchen mußt, um deinen Stein zu finden. Wenn du keine negative Antwort erhältst, betrachte den Stein genauer: seine Form, seine Farben, seine Muster. Berühre den Stein und fühle seine Oberfläche.

Dann stell die Frage, um deren Beantwortung du deinen Stein bittest. Betrachte jetzt den Stein noch genauer. In den Linien und Schattierungen wirst du eines oder mehrere Tier-, Pflanzen- oder Insektenformen oder gar Gesichter entdecken. Denke nach, was diese Formen mit der Beantwortung deiner Frage zu tun haben.

Hast du das Gefühl, beim einseitigen Betrachten noch keine verständliche Antwort erhalten zu haben, kannst du nach der Tradition der Lakota-Sioux-Indianer auch den Stein umdrehen und den Prozeß wiederholen. Vergiß nicht, den Stein am Ende der Übung wieder so hinzulegen, wie du ihn vorgefunden hast.

Andere schamanistische Traditionen lehren, den Geist des Steines anzurufen und um Einsichten und Antworten zu bitten. Auch diese Praxis ist nach meiner Erfahrung sehr sinnvoll.

Danke dem Stein und seiner Energie am Ende der Meditation für seine Hilfe und sprenkle noch einmal etwas Wasser und/oder Tabak und/oder Mehl auf den Boden. Danach wirst du die Energie des Steines noch in dir spüren, auch wenn du dich bereits von ihm entfernt hast.

Die Energie der Felsen und Steine fühlt sich nach meinen Erfahrungen auf der Gefühlsebene meist ähnlich an wie auf der körperlichen Ebene das Ausgefülltsein und die Kraft, die wir nach einem guten und nahrhaften Essen verspüren. Nach einem 'Gespräch' mit meinem Kraftstein bin ich stets von Energie und Frische erfüllt.

Steine und Felsen haben eine Schwingungsfrequenz, die uns helfen und gut für uns sind. Das trifft auch auf bestimmte Landschaften und Orte zu. Plätze, die einen hohen Grad an positiver Energie aufweisen, besuchen die Menschen gerne. Es sind die Kur- und Wallfahrtsorte, die die Naturvölker als Orte der Kraft verehrt haben. Es gibt freilich auch Orte negativer Kraft, wo sich Krankheiten und Verbrechen überdurchschnittlich häufen. Gerade im Zusammenhang mit der chinesischen Geomantie, dem Feng Shui, wird in den letzten Jahren auch bei uns mehr und mehr darauf geachtet, welche Schwingungsfrequenz ein Ort aufweist, bevor man ein Bauwerk darauf errichtet. Ich habe in meinem Buch *Tate Topa - Der indianische Weg* bereits ausführlich darauf hingewiesen, daß in der Tradition der Naturvölker, wie der Kelten in Europa und der Indianer in Nordamerika, die Druiden und Schamanen das Wissen um die Qualität eines Ortes sehr stark gepflegt haben.

Orte der Kraft - Wie du ihre Energien aufnehmen kannst

Die großen Kraftorte dieser Welt sind heute allgemein bekannt. Aber wie können wir die Orte der Kraft in unserer Umgebung finden?

So, wie es im menschlichen Körper Stellen gibt, die sehr sensibel gegenüber Berührung, Kälte/Wärme oder Schmerz sind, so gibt es auch im Körper der Erde Plätze gesteigerter Sensibilität.

Die Indianer zeigen uns, wie wir diese Energieplätze erspüren können. Machen Sie einfach das nächste Mal, wenn Sie in der freien Natur sind, die folgende Meditation.

Meditation: Mein Ort der Kraft

Setz dich in freier Natur hin, wo du ungestört bist. Schließe die Augen und entspanne dich, indem du tief ein- und ausatmest. Spüre dein Wesen, dein Sein, und dann das Wesen der Erde, auf der du sitzt. Danke diesem Wesen, dieser Energie. Bitte es nun, dir den nächstliegenden Kraftort zu zeigen.

Steh auf und folge deiner Intuition. Dein Kraftort wird dich von selbst anziehen. Wenn du dieses Gefühl der Anziehung spürst, dann danke den Energien dieses Platzes und such dir eine angenehme Stelle, an der du dich niederlassen kannst.

Ich selbst habe es schon öfter erlebt, daß ich nicht aufstehen wollte, sondern wie versteinert sitzen blieb: Intuitiv hatte ich bereits vor Beginn dieser Meditation meinen Kraftort gefunden. Ein anderes Mal fühlte ich mich von einem Ort angezogen, begann in der unten beschriebenen Weise zu meditieren und merkte, daß ich weitersuchen mußte, weil sich der Ort 'nicht gut anfühlte'. Nicht jede Schwingungsfrequenz ist für jedes Vorhaben geeignet.

Darum geht es im zweiten Teil dieser Übung: Nachdem du deinen Platz gefunden hast, frage die Energie des Ortes, was sie dir sagen, womit sie dir dienen will. Die Antworten, die du bekommst, sind meist sehr eindeutig: Da gibt es Orte, die dich beruhigen und entspannen, andere, die dich mit Energie aufladen, und wieder andere, die dir bestimmte Fragen und Probleme vor Augen führen und ihre Lösung für dich bereithalten.

Nimm dir Zeit für diese Erfahrung. Spüre die Energie. Wiederhole die Meditation, so oft Du kannst und magst. Wiederhole das Erlebnis auch mit den Energien anderer Orte. Bald wirst du ein Netzwerk verschiedener Kraftplätze in deiner Umgebung ermittelt haben.

Sie können übrigens auch in Ihrer Wohnung nach diesem Muster vorgehen, um die Qualität der einzelnen Zimmer zu überprüfen. Vielleicht ist ja Ihr jetziges Schlafzimmer eher zum Arbeiten und Meditieren geeignet und Ihr Wohnzimmer zum Schlafen. Ich bewohnte einmal ein solches Haus und wunderte mich immer, daß ich nachts schlecht schlief, aber auf der Wohnzimmercouch ständig einnickte. Als ich die Möbel umstellte, löste sich das Problem.

Sie wissen jetzt, wie Sie Ihre eigenen Kraftorte finden können. Der nächste Schritt ist, mit der jeweiligen Energie Kontakt aufzunehmen. Folgen Sie dabei der nächsten indianischen Übung:

Erden

Stehe mit gespreizten Beinen da, schließe die Augen und fühle einen Strahl gleißenden, weißen Lichts von oben auf dich herabzielen. Der Strahl tritt an deinem Scheitelpunkt in deinen Kopf ein und verbreitet diese Lichtenergie über deinen gesamten Körper.
Stell dir jetzt vor, deine Wirbelsäule verlängert sich in einer Silberschnur, die bis in den Erdboden hinabreicht. Spüre jetzt die weiße Energie von deinem Körper in die Erde hinab und braune Energie von der Erde in deinen Körper hinauffließen. Ein Energiekreislauf entsteht. Mutter Erde und Vater Himmel vereinigen ihre Kraft in deinem Herzen.
Fühle jetzt, wie deine Füße in der Erde Wurzeln schlagen. Du bist mit der Erde verbunden, "geerdet".

Verbindung mit den Vier Elementen

Öffne nun deine Augen und nimm deine Umgebung wahr. Setz oder leg dich nun auf den Boden.
Betrachte die Farben, die Konturen, rieche und höre. Werde dir dann deines Körpers bewußt: seiner Konturen, seiner Farbe, seines Geruchs. Erlebe, daß du Teil der Landschaft und seiner Konturen, Farben und Gerüche wirst, daß du aus demselben Material gemacht bist, aus dem die Erde besteht. Spüre, wie die Vibration der Land-

schaft deine Eigenvibration anregt.
Wenn du dich eingebettet fühlst in die Landschaft, richte deine Aufmerksamkeit auf das Wasser, das dich umgibt: den Bach, Fluß, See oder das Meer, die Wolken über dir, die Pflanzen und die Feuchtigkeit in der Luft. Stell dir vor, du schmeckst diese Feuchtigkeit auf deiner Zunge. Wenn du dir der Gegenwart des Wassers um dich herum voll gewahr bist, dann spüre das Wasser in dir: die Feuchtigkeit in deinem Mund und deinen Augen, das Blut, das durch deine Adern fließt. Fühle wiederum die Erde und deinen Körper eins werden, die Wasser-Schwingung des Ortes mit der Wasser-Schwingung in dir in Harmonie vibrieren.
Richte nun deine Aufmerksamkeit vom Fließen mit der Landschaft auf die Wahrnehmung der Luft. Hör den Wind, wie er durch die Blätter der Bäume rauscht und über die Landschaft pfeift. Vergleiche die Bewegung der Luft mit deinem Atem, wie er ein- und ausströmt. Fühle, wie dein Atem und die Luft um dich herum eins werden.
Laß dann langsam die Feuer-Energie in deine Wahrnehmung kommen. Spüre Licht und Wärme um dich herum: die Sonnenstrahlen oder den Mondschein, das Lagerfeuer oder die Wärme, die aus dem Boden emporsteigt. Fühle dann deine eigene Körperwärme, deine Energie, das Licht deines Geistes. Verbinde die Wärme deines Körpers mit der Wärme des Bodens, die Sonnenenergie mit der Energie in dir und das Licht deines Geistes mit den Lichtenergien des Kraftortes.

Eine Alternative zur Verbindung mit den Vier Elementen ist eine Übung, die ich Herz-Kontakt genannt habe.

Herz-Kontakt

Nachdem du dich entspannt und geerdet hast, lausche nach dem leisesten Ton, den du hören kannst, und stell dir vor, dein Herz sei dein Ohr. Nimm dir Zeit und höre all die anderen leisen Töne in deiner Umgebung. Da dein Herz das Hörorgan ist, spürst du jetzt auch die Vibrationen der verschiedenen Töne in deinem Herzen.
Stell dir jetzt vor, daß jede Pflanze und jeder Stein eine bestimmte Schwingung aussendet und du sie alle - langsam, eine nach der anderen - mit deinem Herzen empfangen kannst. Nach einer Weile wird die Schwingung des Ortes in dir vibrieren. Dann ist es Zeit, deine eigene Körperschwingung zu fühlen und mit der äußeren Schwingung zu harmonisieren, indem du dich auf deinen Herzschlag konzentrierst. Wenn du ihn voll wahrnimmst, beginne ihn, der Vibration des Ortes anzupassen, bis du nur noch ein Schwingen fühlst.

Finden der Energie

Du bist jetzt mit deiner Umgebung eins. Bitte nun die Energien des Ortes, dir spezielle Stellen der Kraft zu zeigen. Folge deiner Intuition und gehe dorthin. Erspüre die Energie mit deinen Handflächen. Fühlt sie sich gut für dich an? Wenn nicht, such eine andere Stelle. Wenn ja, dann laß dich dort nieder und danke den Energien.

Nach Luther Standing Bear, dem Häuptling der Lakota-Sioux, brauchen Sie jetzt nichts anderes zu tun, als die Verbindung mit der Erde zu spüren und ihre Botschaft zu hören, aber ich habe die Erfahrung gemacht, daß uns gerade dieses Hören Schwierigkeiten macht, da unser Verstand zu dominierend ist. In meinen Seminaren ziehe ich daher geleitete Meditationen vor.

Meditation: Deine irdischen Helfer

Nachdem du dich geerdet und die Verbindung mit den Vier Elementen aufgenommen hast, spüre den Rhythmus des Ortes und beginne, in seinem Takt zu summen. Folge einfach deiner Intuition und summe. Während du summst, siehst du plötzlich vor deinem geistigen Auge einen Zauberstab. Betrachte ihn genau und halte ihn in deiner Hand.

Nachdem du ihn genau untersucht hast, hebe den Stab in die Höhe und schlage ihn dann auf den Boden. Wenn dein Stab die Erde berührt, bitte die Energien des Ortes hervorzukommen.
Beobachte die Landschaft. Was verändert sich? Taucht plötzlich ein Tier auf eine Wolke? Bewegt sich eine Pflanze? Warte, bis sich die Energien des Ortes offenbaren.
Wenn du Antworten erhältst, zum Beispiel, wenn ein Vogel sich unweit von dir niederläßt, eine Wolke über dir zu stehen scheint, dein Augenmerk auf eine Pflanze, einen Baum oder einen Stein fällt, dann nimm Kontakt mit diesem Wesen auf, indem du seine Schwingungen erfühlst. Sprich mit dem Wesen - aber nicht mit Worten, sondern mit deinen Gefühlen: deiner Zuneigung und deiner Dankbarkeit.
Wichtig ist, daß du ganz in diesem Wesen aufgehst. Nichts anderes hat für dich in diesem Moment Bedeutung. Du wirst selbst zum Vogel, zur Wolke, zur Pflanze, zum Stein.

Frage diese Energie: "Was kannst du mich lehren? Wie kann ich deine Energie in meinem Leben anwenden?" Warte, bis du intuitiv Eindrücke empfängst. Am Ende danke dieser Energie, diesem Wesen.
Später, im Alltag, wenn du dich entspannen willst, geh einfach im Geist an diesen Ort zurück, verbinde dich mit den Vier Elementen und nimm wieder Kontakt zu diesem Wesen auf, das dir dort begegnet ist.
Du kannst dieses Wesen um Hilfe bitten, wenn du:

- *Extra-Energie für ein Produkt, ein Treffen, eine schwierige Aufgabe brauchst;*
- *eine Person, einen Schlüssel oder verlorenes Geld wiederfinden willst;*
- *von einer Erkrankung genesen oder dich vor Ansteckung schützen willst;*
- *Schutz für dich selbst, dein Auto oder dein Haus brauchst, wenn du auf Reisen gehst;*
- *Unterstützung in einer Prüfung, beim Anbau von Pflanzen oder beim Reparieren deines Autos brauchst;*
- *mit deinen Verwandten, Mitarbeitern und Vorgesetzten besser auskommen willst.*

Was Kraftorte für dich tun

Wenn Sich sich auf diese Weise einen persönlichen Kraftort geschaffen haben und dort in der oben genannten Art meditieren, sich den Energien des Ortes öffnen, dann dürfen Sie mit einigen 'Belohnungen' rechnen. Hier ist, was einige meiner Seminarteilnehmer erfahren haben:

“Das Erleben des Kraftortes hat mich vitaler gemacht. Ich fühle mich nicht mehr so oft müde und abgespannt. Ich kann viel mehr Dinge erledigen als früher, und das Leben macht wieder Spaß.” (Candy, 70 Jahre alt)
“Sedona hat meine Gefühle intensiviert. Ich habe mich von meinen alten belastenden Gefühlen gelöst, und kann jetzt meinen Mann frei und vorbehaltlos lieben.” (Georgina, 28 Jahre alt)
“Mein Kraftort hat mich inspiriert und meine Kreativität zu Tage gefördert. Ich bin jetzt fähig, neue Gefühle und Ideen offen auszudrücken.” (Greg, 31 Jahre alt)
“Seit der Kraftort-Erfahrung fühle ich mich gesünder und tatenfroher. Schlechte Nachrichten werfen mich nicht mehr aus der Bahn.” (Farrell, 62 Jahre alt)
“Die Kraftorte halfen mir, negative Plätze und Personen zu meiden. Ich bin einfach sensibler und damit weiser geworden.” (Jacquie, 50 Jahre alt)
“Ich bin jetzt stärker mit der Erde verbunden und weiß genau, wann ich wohin gehen muß. Es ist, als ob die Erde mir sagen würde: ‘Geh jetzt nicht dahin oder fahr jetzt nicht auf dieser Autobahn’.” (Robert, 48 Jahre alt)
“Meine Erfahrung im Canyon hat meine Religiosität wiedererweckt. Aber nicht im kirchlichen Sinne, sondern tief in mir. Meine Verbindung mit der Natur hat mir neue Ehrfurcht gegeben vor dem, der das alles erschaffen hat. Ich bemühe mich seither, jede Pflanze, jeden Stein, jedes Tier und jeden Menschen zu achten, denn sie alle sind für mich Ausdruck der großen Schöpfung.” (Stephanie, 25 Jahre alt)

Kraftorte können uns beleben, unseren Verstand klären, unsere Gefühle intensivieren, unsere Intuition öffnen und uns zur Spiritualität führen. Probieren Sie es aus!

Tiere - Wie sich ihre Kraft auf dich übertragen kann

Wenn wir in unserer westlichen Welt an Tiere denken, fallen uns als erstes unsere geliebten Haustiere ein. Aber unterschwellig lebt irgendwo in unserem kollektiven Unterbewußtsein die Erinnerung an die wilde Kraft von Tieren. Marketing und Werbung nutzen dieses unterschwellige Gefühl aus, indem sie Löwen und Tiger, Schlangen und Krokodile als Symbole für ihre Produkte verwenden. Sportmannschaften, Autos - jeder, der Kraft verkörpern will, schmückt sich mit einem Tiernamen. Sogar in unserer Sprache hat sich das Wissen um die Kraft der Tiere erhalten: Stark wie ein Löwe, schlau wie ein Fuchs, Hitler: “Flink wie Windhunde” usw.

Für die Indianer ist diese Tatsache nichts Außergewöhnliches. EagleBear lacht: “Auch ihr könnt an der Natur und ihren Gewalten nicht vorbei, aber trotzdem seht ihr die wirkliche Bedeutung der Tiere für uns Menschen nicht. Für euch sind sie nur Rohstofflieferanten. Für uns sind sie Wesen mit einer Seele. Tiere haben - wie die Steine - kraftvolle Energie, die sie uns anbieten. Das ist sozusagen der Geist (*Spirit*) des Tieres. Dieser Geist umfaßt sein gesamtes Wesen, seine Seele. Ihr seht immer nur den Körper eines Tieres, aber er gibt euch nur Energien für den Körper, der Tier-Geist dagegen Energien für die Seele und den Geist. Ihr jedoch habt diesen Teil eurer Kraft aufgegeben, und darum seid ihr so verunsichert und schwach. Ihr habt den Kontakt zu eurem Krafttier verloren.”

Aber wie können wir den Kontakt wieder aufnehmen? Und: Hilft es uns im täglichen Leben?

EagleBear: "Laß mich dir zunächst einmal ein paar Bereiche aufführen, in denen mir meine Krafttiere - wir haben ja nicht nur eines, so wie wir ja auch nicht nur einen Menschen allein kennen - im täglichen Leben geholfen haben: Wenn ich Energie für meine Seminare und Vorträge brauche; wenn ich ein neues Projekt beginne; wenn ich mich mit dem Auto verfahren, meinen Schlüssel verloren oder die Telefonnummer eines Freundes vergessen habe; wenn ich mit meinen Stammesältesten oder meiner Familie (Eaglebear hat 16 verwaiste Kinder adoptiert) zusammentreffe; wenn ich mich vor Krankheiten schützen will; wenn ich auf Reisen bin, usw. Kurz: Sie helfen mir überall, weil sie meine Schutzgeister sind. Und sie sind deswegen so mächtig, weil jeder Bär in sich den Geist des Großen Bären trägt, und jeder Adler den Geist des Großen Adlers - so wie wir den Geist des Großen Geistes (*Great Spirit*) in uns haben.

Jetzt zu deiner Frage: Wie können wir mit dem Geist des Tieres in Kontakt treten?
Das ist typisch westlich gefragt. Ihr wollt immer 'machen'. Das geht in der Natur aber nicht. Dein Krafttier wendet sich an dich, nicht umgekehrt. Es taucht plötzlich in einem Traum auf oder in einer Vision. Das einzige, was du tun kannst, ist, dich bereitzumachen, dich zuöffnen. Dabei mußt du wissen, daß dieser Kontakt zu einer Beziehung führen kann. Dann mußt du - wie wir Indianer es tun - dem Geist des Tieres Achtung und Ehrerbietung entgegenbringen, und es wird dir dafür Führung und Beistand versprechen. Das ist kein nettes kleines Partyspielchen, sondern

eine echte Beziehung. Natürlich kannst du auch dein Krafttier in einer Meditation einladen. Aber erwarte nicht gleich beim ersten Mal eine Konferenz der Tiere."

In unseren gemeinsamen Seminaren halten EagleBear und ich zwei Meditationen, die eine solche Einladung an das Krafttier darstellen. Ich stelle Ihnen beide Übungen hier vor.

Meditation: Mein Tier der Kraft

Setz oder leg dich bequem hin. Schließe die Augen und entspanne dich. Stell dir nun eine Landschaft vor. Bleibe bei der ersten Form, die du auf deiner geistigen Leinwand siehst. Es ist völlig unwichtig, ob du dich am Meer, in der Wüste, auf dem flachen Land oder im Gebirge siehst.

Nimm die Quelle hellen, gleißenden Lichts über dir wahr. Spüre, wie sich das weiße Licht über dich ergießt und dich wie einen Schutzmantel umhüllt. Du bist jetzt sicher und geborgen, ruhig und entspannt. Nichts und niemand kann dir etwas antun. Aus dieser gesicherten Position heraus schaust du dir die Landschaft an. Laß jetzt das geistige Bild eines Tieres in dir entstehen. Laß es zu. Schau dir das Tier genau an. Spüre seine Energie. Heiße es willkommen. Wenn Angst in dir hochsteigt, dann sei dir deines Schutzes bewußt.

Es kann freilich auch sein, daß zunächst gar keine Begegnung stattfindet. Das zeigt, daß du noch an deiner Einstellung zu den Naturelementen und ihren geistigen Wesen arbeiten mußt. Wenn dir ein Tier erscheint, dann bitte es, dir seine Qualitäten und Besonderheiten zu nennen. Dabei lernst du es kennen und erfährst eine Menge darüber, welche Eigenschaften dein Krafttier in dir stärken kann. In späteren Meditationen kannst du dann natürlich auch Fragen über persönliche Probleme stellen oder allgemein um Hilfe bitten.

Es kann durchaus sein, daß dir während der Meditation mehrere Tiere erscheinen. Verfahre mit ihnen ebenso, mach dich mit ihnen vertraut, lerne von ihnen. Wenn du dich dann von ihnen verabschiedest, danke ihnen für ihre Hilfe und lade sie ein, dich weiter zu beschützen.

Nach der Meditation empfehle ich dir, dich in Büchern und Bildern über die Tiere zu informieren, denen du begegnet bist. Mach sie zum Teil deines Lebens und trete mit ihnen in Kontakt, so oft es geht.

Ein noch besserer Weg, mit Ihren Krafttieren in Kontakt zu bleiben, ist die nachfolgende Meditation, die ich besonders all jenen empfehle, die Schwierigkeiten mit der bildlichen geistigen Vorstellung haben.

Meditation: Tanze dein Tier

Entspann dich und schließ die Augen. Stell dir jetzt eines der Tiere vor, die dir in der vorigen Meditation begegnet sind. Fühle, wie du dieses Tier wirst. Forme deinen Körper, als wärst du dieses Tier und bewege dich wie dieses Tier. Krieche wie eine Schlange und schleiche wie ein Fuchs. Ahme auch die Laute dieses Tieres nach. Spüre die Energie des Tieres.

Du hast die Kraft dieses Tieres in dir. Auch wenn deine Konzentration nachläßt und du wieder ins Tagesbewußtsein zurückkehrst, kannst du die Kraft des Tieres noch in dir spüren. Du kannst sie fortan immer einsetzen, wenn du sie brauchst. Danke deinem Tier am Ende der Übung.

Mit diesen beiden Meditationen schaffen Sie die Grundlage für die Begegnung mit Ihren Krafttieren und damit für die Stärkung Ihres Wesens. Mit der Kraft und Energie dieser Geist-Tiere schaffen Sie zugleich eine innere Balance, die Ihnen erlaubt, alle Teile Ihrer Persönlichkeit auszudrücken und zu leben.

Pflanzen - Wie man sie als Medizin einsetzen kann

In diesem Abschnitt gehe ich nicht auf die lange Tradition der Indianer und anderer Naturvölker ein, in der Medizinleute und Schamanen Pflanzen jedweder Art als Heilkräuter und -essenzen verwendet haben. So reinigte bei den Indianern der Medizinmann einen Platz oder einen Raum vor der Zusammenkunft von Menschen, aber auch einen einzelnen oder mehrere vor einer Heilung oder einer Zeremonie mit dem Rauch von getrocknetem Salbei. Aber derlei Fachwissen gehört nicht hierher. Um mit diesen Energien richtig umgehen zu können, bedarf es langer Ausbildung und ausreichender Erfahrung.

Hier geht es um die Kraft der Pflanzen als Informationsträger, als Berater und Helfer, also eigentlich doch - zumindest im indianischen Sinne - um Medizin, nämlich um das, was sie heil macht. Wie Steine und Tiere sind es die geistigen

Energien der Pflanzen, mit denen wir kommunizieren, von denen wir Kraft erhalten können.

Machen Sie dazu einmal die folgende Meditation. Bedenken Sie dabei jedoch: nicht Sie suchen Ihre Pflanze, sondern Ihre Pflanze findet Sie. Sie wird Ihnen also ein Signal geben. Nach meiner Erfahrung übt 'unsere' Pflanze einfach eine starke Anziehungskraft aus. Wir fühlen uns zu ihr hingezogen.

Meditation: Meine Pflanze der Kraft

Geh in die freie Natur zu einem Platz, an dem du dich wohl und geborgen fühlst. Setz oder leg dich bequem hin. Schließe die Augen. Entspanne dich. Danke der Erdenergie. Bitte nun die Schutzgeister deines Platzes um Hilfe, dir den Weg zu deiner Pflanze zu zeigen.

Steh dann auf und gehe los, bis du dich von einer Pflanze angezogen fühlst. Setz dich vor sie hin. Sprenkle als Zeichen der Ehrerbietung und des Dankes etwas Wasser, Mehl und Tabak um sie herum und beginne, sie genau zu studieren. Achte auf alles, was dir während deiner Betrachtung auf- und einfällt. Nimm dir viel Zeit dafür. Erforsche die Pflanze mit deinen fünf Sinnen und deinem Gefühl.

Schließe jetzt die Augen. Sieh oder fühle die Pflanze vor deiner geistigen Leinwand. Sende Gefühle der Zuneigung und Liebe zu diesem Bild, zu dieser Pflanze aus. Nimm die Gefühle und Gedanken wahr, die jetzt auf dich einströmen. Wenn du diese Meditation öfter wiederholst, kann es sein, daß die Pflanze ihre Form ändert, um dir damit eine Botschaft zu übermitteln. Nachdem du der Pflanze gedankt hast und die Meditation beendet hast, schreibe alle Eindrücke in dein Journal oder Tagebuch.

Wie bei den Steinen und Tieren werden Sie bei häufigem Wiederholen dieser Meditation verschiedenen Pflanzen begegnen. Jede hat Kraft und Botschaften für Sie. Je genauer Sie hinsehen, desto deutlicher verstehen Sie ihre Antworten. Nach einiger Zeit werden Sie feststellen, daß Sie Antworten erhalten zu Fragen, die Ihnen momentan im Kopf herumgehen, aber die Sie noch gar nicht richtig formulieren konnten. Diese Antworten kommen meist völlig unerwartet: Plötzlich fliegt ein Schwarm Wildgänse vorbei und macht Ihnen klar, daß Sie im jetzigen Moment nur mit Fröhlichkeit und Energie weiterkommen. Oder auf einmal läuft Ihnen ein Eichhörnchen über den Weg, als Sie sich gerade überlegten, ob Sie alles riskieren oder lieber etwas bedächtiger, Schritt für Schritt, vorgehen sollen. Und da Sie schon in den Meditationen erfahren sind, werden Sie auch automatisch die geistige Energie dieser Tiere und Pflanzen in sich aufnehmen. Daß Sie Ihre Aufgaben dann viel leichter lösen können, ist für Sie keine Zauberei mehr. Ihre Verbindung zu den Elementen und ihren Geistwesen wird für Sie zur täglichen Praxis werden. Sie werden sich ausgeglichener und kraftvoller fühlen als je zuvor.

Indianische Erdmagie, lange als Aberglaube oder Zauberei abgetan, eröffnet sich jedem, der sich selbst dafür öffnet. Die Auswirkungen der Meditationen in diesem Kapitel werden Ihnen das sicher im Laufe der Zeit bestätigen.

3. Hocoka

Wie uns die Magie der Mutter Erde heilt

Im indianischen Verständnis dieser Welt ist alles beseelt, nichts ist bloße Materie. Jede Seinsform hat einen Geist, ein Wesen. Wie ich im vorigen Kapitel gezeigt habe, treten die Indianer mit diesen Wesen in Kontakt, binden sie in ihr tägliches Leben ein und ziehen daraus Kraft und Orientierung. Sie aktivieren damit die Kraft des Bären, die Kraft der Natur, die wir eingangs als eines der Kriterien für eine gesunde, natürliche Männlichkeit bezeichnet haben (freilich erst, nachdem eine weiblich-männliche Balance hergestellt worden ist).

Neben der Erweckung dieser Kraft ist es notwendig, wie ebenfalls in Teil I dieses Buches erwähnt, sich mit den dunklen Seiten unserer Persönlichkeit, unserem Schatten auseinanderzusetzen, das heißt: ihn zunächst einmal anzuschauen und dann aufzuarbeiten. Darum wird es in diesem Kapitel gehen.
Schließlich muß dann noch als vierter Schritt die Adler-Kraft aktiviert werden, mit der wir über den persönlichen Rahmen hinauswachsen und uns in den Dienst der Gemeinschaft stellen können. Davon wird im vierten und letzten Kapitel die Rede sein.

Bevor wir unsere männliche (aber auch unsere weibliche) Energie für die Gemeinschaft einsetzen können, müssen wir erst unsere unaufgearbeiteten Probleme lösen. In einer indianischen Gemeinschaft wäre es undenkbar, daß zum Beispiel - wie in unserer Kultur häufig anzutreffen - ein Mensch als Medizinmann (dem bei uns Arzt und Psychotherapeut entsprechen) tätig werden könnte, ohne sich vorher mit diesen Schattenseiten seiner Persönlichkeit konfrontiert zu haben, denn die Indianer sagen, daß nur der anderen helfen soll, der sich selbst helfen kann. Jeder, der unseren Therapiebetrieb kennt, weiß, wie weit entfernt wir von dieser Einstellung sind.

Um sich mit seinem Schatten auseinanderzusetzen, ist es nicht unbedingt nötig, sich einer Therapie- oder Männergruppe anzuschließen, wenngleich ich persönlich dies stets empfehle. Sie können auch an Ihren dunklen Seiten für sich zuhause arbeiten. Die Indianer benutzen dafür eine Reihe von Übungen, die ich Ihnen im folgenden vorstellen möchte. Alle aufgeführten Meditationen, mit denen ich in meinen Seminaren ausschließlich gute Erfahrungen gemacht habe, binden uns - wie immer in der indianischen Tradition - an die Energien von Mutter Erde an.

Für die jetzt zu bewältigenden Aufgaben der Selbstanalyse eignet sich am besten der innere Raum, in der indianischen Metaphorik auch 'die Höhle' genannt. Diese Höhle ist der heilige Raum (= *Hocoka*), in dem wir den Geistwesen (*Spirits*) begegnen; in dem wir auch unseren eigenen Geist antreffen; in dem wir Fragen stellen und Antworten erhalten.

In der ersten, nun folgenden Meditation können Sie sich erst einmal mit Ihrem inneren Raum, Ihrer Höhle vertraut machen. Bitte überspringen Sie diese Übung nicht, auch wenn Sie Ihnen beim Durchlesen als zu einfach erscheinen sollte.

Meditation: Meine Höhle

Setz oder leg dich bequem hin, entspanne dich. Stell dir eine Quelle hellen, gleißenden Lichts über dir vor. Spüre, wie sich dieses weiße Licht langsam über dich ergießt: vom Kopf über den Oberkörper, den Bauch, die Beine bis hinunter in die Füße. Du bist jetzt angefüllt mit diesem Licht, fühlst dich entspannt und geborgen und spürst jetzt, wie sich das Licht von deinem Herzen aus um dich herum verbreitet, sich wie ein Schutzmantel um dich legt.

Stell dir jetzt eine Landschaft vor, in der du dich wohl und geborgen fühlst, und achte dabei auf alle Öffnungen, die du wahrnimmst: Höhlen, ein offener Baumstumpf, Löcher, die von Tieren gegraben wurden, Quellen. Zu einer dieser Öffnungen fühlst du dich hingezogen. Geh dort hin. Bleibe für einige Augenblicke vor dieser Öffnung stehen und betrachte sie. Bitte dein Krafttier um Schutz und Beistand und den Schutzgeist der Höhle um Erlaubnis, eintreten zu dürfen.

Tritt jetzt in die Öffnung hinein und laß dich ins Erdinnere hinabgleiten, bis du das Gefühl hast, in einem Raum angelangt zu sein. Wenn du auf dieser Reise auf Hindernisse stößt, umgehe sie. Solltest du nicht imstande sein, sie zu überwinden, dann geh zu einer anderen Öffnung und probiere es dort. Sieh dir deine Höhle genau an: ihre Form, ihre Farben. Wie fühlt sie sich an? Wie riecht sie? Sind andere Wesen dort? Wenn ja, sprich mit ihnen. Frage sie, was sie dir sagen wollen. Nimm dir Zeit, um die Höhle zu erforschen.

Wenn du den Eindruck hast, alles gesehen und erforscht zu haben, dann bedanke dich beim Schutzgeist der Höhle und bewege dich wieder an die Erdoberfläche. Sehr oft wirst du dabei das Gefühl haben, nach oben zu schweben oder irgendwie nach oben getragen zu werden. Nimm bitte keine Gegenstände aus der Höhle mit, so wie du überhaupt nie etwas verändern solltest.

An der Erdoberfläche angelangt, danke deinem Krafttier oder Schutzgeist für die geleistete Hilfe und kehre wieder ins Tagesbewußtsein zurück. Notiere anschließend deine Eindrücke in deinem Journal oder Tagebuch.

Es kann sein, daß sich Form und Farbe dieser Höhle im Lauf der Zeit verändern, ja, daß Sie überhaupt in andere Höhlen geführt werden. Lassen Sie sich davon nicht verunsichern: Ihre Höhle ist Ausdruck Ihres Inneren, und so wie Sie sich verändern, verändert sich auch Ihr innerer Raum. Es ist der Zufluchtsort, an dem Sie Kraft tanken oder sich ausruhen können. Die Höhle ist Ihre Therapie-Couch und Ihr Krankenlager, wo Sie genesen können.

Neben diesem Raum, der in Ihrem Unterbewußtsein nach mehrmaliger Meditation einen festen Platz einnehmen wird, kennt die indianische Tradititon sieben Öffnungen im menschlichen Körper, die den Chakras in der hinduistischen Religion entsprechen. Diese Öffnungen sind Energiepunkte auf der Rückseite des Körpers (das heißt: sie befinden sich eigentlich im Körper), die ihren Namen chakra=Rad deswegen haben, weil sie als Stellen definiert sind, in denen sich Energie in kreisförmiger Bewegung aus dem Körper herausdreht, sich ins Umfeld ergießt und den Körper mit einem Energiefeld umgibt, das wir Aura nennen.

Bevor wir daran gehen, diese Energiezentren aktivieren zu können, müssen wir die Bedeutung jedes dieser sieben Punkte kennen. Wenn Sie die folgende Kurzbeschreibung lesen, werden diejenigen unter Ihnen, die in der hinduistischen Chakra-Lehre bewandert sind, eine verblüffende Ähnlichkeit zwischen dem indischen und dem indianischen Denken feststellen.

Die erste dieser Öffnungen befindet sich am unteren Ende der Wirbelsäule, dem Steißbein. Sie ist das Energiezentrum der Überlebensinstinkte. Sie ist auch der Ort, an dem unsere Ängste und Alpträume gespeichert sind. Sie gibt die Farbe Rot in unsere Aura ab. Für Medizinleute und Schamanen ist diese Öffnung beim Heilen eines Patienten von herausragender Bedeutung. Wenn bei einem Menschen Veränderung und Wechsel Existenzangst auslösen, muß die Heilung an dieser Stelle ansetzen, denn hier sind alle Unfälle, lebensbedrohenden Situationen und Traumata gespeichert. Nur durch Betrachtung dieser belastenden Erinnerungen, die Auseinandersetzung mit ihnen und durch die Verbindung mit den Erdelementen kann die programmierte Angst in Vertrauen umgewandelt werden.

Die zweite Öffnung liegt unterhalb des Nabels im Bereich

der Verdauungsorgane im Rücken. Sie gilt als das Zentrum der sexuellen Energie. Medizinleute arbeiten mit diesem Punkt, wenn Patienten von sexuellen Traumata geplagt werden. Die Lage dieses Energiezentrums verdeutlicht auch, warum sich sexuelle Probleme oft in den Verdauungsvorgängen niederschlagen. Dieses Chakra strahlt orangefarbene Energie in die zweite Schicht der menschlichen Aura aus.

Im Sonnengeflechts-Punkt knapp oberhalb des Nabels (auch hier auf der Rückseite des menschlichen Körpers) finden wir die dritte Öffnung. Sie ist das Zentrum unserer Tatkraft. In der Heilung wird an diesem Punkt vor allem dann gearbeitet, wenn sich der Patient kraftlos fühlt oder Angst vor einer bevorstehenden Aufgabe hat, die ihm viel Energie abverlangt. Vor großen körperlichen Anstrengungen zum Beispiel aktivieren die Indianer besonders diesen Kraftpunkt. Er versorgt die menschliche Aura mit ihrer dritten Schicht in gelber Farbe.

Die Herzöffnung liegt, wie der Name bereits sagt, in der Gegend des Herzens. Als Wasserelement verbindet sie die drei dem Erdelement (weibliche/magnetische Energie) zugehörigen unteren Punkte mit den drei dem Luftelement (männliche/dynamische Energie) zugeordneten oberen Punkte. Sie ist das Zentrum der Gefühle, der Liebe und des Selbstwerts. Die Störungen in diesem Punkt sind nicht ausgelebte Trauer, mangelndes Selbstwertgefühl durch fehlende Liebe der Eltern etc. Sie blockieren unsere gefühlsmäßige Verbindung zu anderen Menschen. Nach EagleBears Ansicht und Erfahrung ist es diese Öffnung, an der wir Weißen - besonders die Männer - am meisten arbeiten müssen. Sie sendet grüne Energie in die mittlere Schicht der menschlichen Aura aus.

Am Kehlkopf befindet sich die fünfte Öffnung. Sie ist mit dem Hörorgan verbunden und das Zentrum unserer Kommunikationsfähigkeit. Die Angst, sich und seine Gefühle mitzuteilen, schlägt sich in diesem Kraftpunkt nieder. Es ist daher kein Zufall, daß Menschen, die in der Kindheit ihre Meinung nicht frei äußern durften, unter Hals- und Atembeschwerden (Asthma!) leiden. Das gleiche gilt für Menschen, die Hörprobleme haben, weil sie das, was sie sich als Kind oder Erwachsener anhören mußten, nicht ertragen konnten. Medizinleute öffnen diesen Punkt oft, indem sie ihre Patienten die hellblaue Farbe, die von diesem Zentrum zur Aura abgestrahlt wird, visualisieren lassen.

Das 'Dritte Auge' wird die sechste Öffnung oft genannt, denn sie liegt zwischen den beiden Augenbrauen oberhalb der Nasenwurzel. Sie erlaubt den Blick jenseits des Sichtbaren: in die Hintergründe, in die Ursachen, auch in die Zukunft. Zuviel Arbeit mit diesem Zentrum kann Kopf- und Augenschmerzen verursachen. Die Farbe dieses Kraftpunktes ist Indigoblau, sie bildet eine der äußeren Schichten der menschlichen Aura. Die Medizinleute aktivieren diese Öffnung bei Menschen, die ihre Probleme, den Sinn und Zweck ihres Lebens oder ihre Blockaden nicht 'sehen' können.

Am hinteren oberen Ende des Kopfes, am sogenannten Scheitelpunkt, sitzt das siebte Kraftzentrum. Die Indianer glauben, daß der Geist des Menschen bei der Geburt über diesen Punkt in den menschlichen Körper eintritt und ihn beim Tod durch diese Öffnung wieder verläßt. Daher nennen die im Südwesten der USA lebenden Hopi diesen Punkt *kopavi*, was zu deutsch 'die offene Tür' heißt. *Kopavi* bedeutet auch, daß durch diese Tür die Geistwesen ein- und ausgehen können. Der Scheitelpunkt gilt daher als das spirituelle Zentrum im menschlichen Körper. Es fügt der äußeren Hülle violette Energie der Aura zu. Ist diese Öffnung blockiert, ist der betreffende Mensch auch blockiert, spirituelle Erfahrungen zu machen.

Diese Kurzbeschreibung der sieben Öffnungen wird Ihnen bei der nun folgenden Meditation helfen, diese Zentren in Ihrem Körper zu finden, denn darum geht es in dieser ersten Übung: Sie mit den sieben Höhlen des Körpers vertraut zu machen und von ihnen zu lernen.

Meditation: Die sieben Höhlen der Kraft

Setz oder leg dich bequem hin und entspanne dich. Schließe die Augen. Fühle, wie warme Energie deinen gesamten Körper durchflutet.

Richte jetzt deine Aufmerksamkeit auf den Punkt in deinem Rücken, wo die Wirbelsäule endet, und stell dir dabei die Farbe Rot vor. Rot wie das Licht an der Ampel oder ein besonders saftiger Apfel - durch und durch Rot. Beobachte, was in dir vorgeht, während rote Energie durch diesen Kraftpunkt pulsiert. Wenn Ängste oder Erinnerungen hochkommen, schau sie dir an und tauche sie in rotes Licht.

Sobald keine Eindrücke mehr entstehen, laß deine Aufmerksamkeit zu dem Punkt auf deinem Rücken wandern, der knapp unterhalb des Nabels liegt. Stell dir jetzt die Farbe Orange vor. Orange wie eine Apfelsine oder die Sonne. Beobachte, was in dir vorgeht, während orangefarbene Energie durch diesen Kraftpunkt fließt. Kommen sexuelle Erinnerungen hoch? Spürst du deinen Magen? Laß alles geschehen und beobachte es in diesem orangefarbenen Licht.

Richte dann deine Konzentration auf den Sonnengeflechtspunkt, knapp oberhalb des Nabels, und stell dir dabei die Farbe Gelb vor: Gelb wie eine Zitrone, wie eine Telefonzelle oder ein Postauto. Gelb pulsiert jetzt durch diese Öffnung. Beobachte, was das in dir auslöst. Spüre, welche Energieströme durch dich hindurchlaufen. Wenn Bilder in dir entstehen, betrachte sie.

Wenn nichts Neues mehr geschieht, dann wechsle jetzt in deiner Vorstellung zur Farbe Grün. Grün wie Gras, wie das Licht an der Ampel. Stelle dir vor, wie diese grüne Energie deinen Herzpunkt aktiviert. Du spürst, wie Gefühle in dir hochkommen, denn die grüne Energie ist sehr stark. Laß es ruhig zu. Beobachte.

Laß das Grün dann allmählich in ein helles Blau übergehen. Ein Blau wie der Himmel im Frühjahr. Dieses helle Blau beginnt jetzt im Zentrum um deinen Kehlkopf zu pulsieren. Deine Gedanken gehen zu Situationen, in denen du mit anderen gesprochen hast, versucht hast, dich ihnen verständlich zu machen. Schau zu. Laß es geschehen - eingetaucht in diesen hellblauen Filter.

Mach solange weiter, bis du von einem Pulsieren an der Stelle deines Dritten Auges zwischen den Augenbrauen abgelenkt wirst. Konzentriere dich jetzt auf diesen Punkt. Stell dir die Farbe Indigoblau vor. Dieses kräftige Dunkelblau, das du von Stiefmütterchen her kennst. Vielleicht stellen sich Visionen ein, vielleicht auch Erinnerungen. Laß es einfach geschehen. Spüre die sanfte Energie der blauen Farbe, die alles durchdringt.

Und dann spüre das Kribbeln auf deinem Hinterkopf, am Scheitelpunkt. Stell dir die Farbe Violett vor. Violett wie eine Veilchen oder eine Aubergine. Laß dieses Violett jetzt durch den Scheitelpunkt pulsieren. Spüre, wie sich das Zentrum öffnet. Wenn du willst, laß ein Gefühl des Gottbewußtseins in dir entstehen. Oder laß einfach los. Laß geschehen. Bleibe bei den Eindrücken, die jetzt auf dich einfließen.

Wenn du wieder ins Tagesbewußtsein zurückgekehrt bist, dann fühle einmal ganz bewußt deinen Körper. Spürst du, um wieviel dynamischer er jetzt ist? Notiere deine Erfahrungen, besonders dann, wenn du zwischen den einzelnen Kraftpunkten Verbindungen oder auch Blockaden bemerkt hast.

Jetzt haben Sie die ersten Erfahrungen mit Ihrem Energiekörper gesammelt und sind bereit für Ihre nächste Reise: die Reise in die Höhle der Blockade. Dorthin, wo Ihr Problem liegt.

Für diese Reise sind zwei Vorbereitungen nötig.
Erstens: Bringen Sie Ihren Körper ins Gleichgewicht. Wenn Sie sich unwohl fühlen oder krank sind, sollten Sie die Reise verschieben und warten, bis Sie sich wieder besser fühlen. Aber auch wenn Sie sich gesund fühlen, empfehle ich Ihnen, sich erst einmal mit der in Teil I, Kapitel 3, vorgestellten Meditation mit den Vier Elementen ins Gleichgewicht zu bringen.

Zweitens: Nehmen Sie Ihr Krafttier oder Ihren Schutzgeist mit auf die Reise. Sie könnten nämlich unterwegs Erscheinungen begegnen, bei denen Sie gut Hilfe gebrauchen können. Im übrigen ist der Prozeß sehr einfach.

Meditation: Die Erforschung der Höhlen

Nachdem du dich bequem hingesetzt oder hingelegt hast, schließe die Augen und entspanne dich. Bitte dann deinen Schutzgeist oder dein Krafttier, sich zu zeigen. Danke ihm für seine Gegenwart.

Geh jetzt in deiner Vorstellung mit ihm zum Eingang zur siebten Öffnung, dem Scheitelpunkt, und erkläre ihm das Problem, das du lösen möchtest. Bitte ihn, dich zu der Öffnung zu führen, die dir helfen wird, dieses Problem zu lösen.

Mach dich dann auf den Weg zur entsprechenden Öffnung. Normalerweise wirst du dort ganz spontan eintreffen. Wenn die Reise jedoch etwas länger dauern sollte, dann beobachte genau, was dir alles auf dem Weg widerfährt.

Erforsche die Öffnung, an der du schließlich anlangst, in gleicher Weise wie die Höhle, die du aus der ersten Meditation in diesem Kapitel kennengelernt hast: Untersuch sie genau. Jedes Detail ist ein Hinweis auf die Lösung deines Problems oder deiner Frage.

Wenn du das Gefühl hast, genügend Antworten erhalten zu haben, dann gehe wieder auf dem selben Weg zum Scheitelpunkt zurück. Danke deinem Schutzgeist oder deinem Krafttier für seine Hilfe und kehre wieder ins Hier und Jetzt zurück.

Nach meinen Erfahrungen tauchen bei dieser Meditation neben Bildern und Gefühlen oder Gedanken oftmals Erinnerungen aus der Kindheit oder aus früheren Leben auf, an die wir uns bewußt nicht mehr erinnern konnten. Diese Szenen aus der Vergangenheit können dich innerlich stark aufwühlen. Wenn es dir daher nach Weinen zumute ist, dann laß es zu. Blockiere auf keinen Fall Gefühle, die aus dir heraus wollen. Notiere dir die Ergebnisse in deinem Journal oder Tagebuch.

Diese Meditation ist der Schlüssel zur Konfrontation mit Ihrer unbewältigten Vergangenheit, mit Ihren dunklen Schattenseiten. Nehmen Sie sich die Zeit, jedes Problem einzeln anzugehen. Lassen Sie dazwischen jeweils einige Tage verstreichen, damit die dabei eingeleiteten inneren Prozesse aufgearbeitet werden können. Am besten ist es, diese Klärungsarbeit gemeinsam mit einer Person Ihres Vertrauens durchzuführen, denn sie ist neben der im vorigen Kapitel beschriebenen Kraftaufnahme der zentrale Punkt im Heil- und Ganzwerden, um das es Ihnen geht.

Heilung geschieht nicht im luftleeren Raum. Da wir ständig von anderen Menschen umgeben sind, findet auf der unterbewußten Ebene der sieben Öffnungen ein ständiger Austausch zwischen anderen und Ihnen statt. Das ist gut so, denn dadurch können wir unsere Erfahrungen erweitern. Es kann aber auch störend oder gar schädigend sein, wenn diese Energie in unseren Heilungsprozeß auf negative Weise eingreift. Die Medizinleute empfehlen daher die folgende Übung, mit der Sie sich gegen unerwünschte Einflüsse abschotten können. Ziel ist dabei nicht, sich von anderen zu isolieren, sondern lediglich, unbotmäßiges Eindringen abzuwehren.

Meditation: Der Schutz meiner Höhlen

Schließe die Augen und gehe in die Entspannung. Gehe dann kurz in der oben genannten Weise (mit Hilfe der Farben und der Positionen) die sieben Kraftpunkte deines Körpers durch.

Bitte jetzt deinen Schutzgeist oder dein Krafttier, gegenwärtig zu sein. Schildere ihm, daß du deine sieben Höhlen schützen möchtest. Bitte ihn, dir für jede Höhle ein besonderes Schutzzeichen - ein Krafttier, ein Symbol etc. - zu geben. Gehe dann noch einmal die sieben Energiezentren durch und präge dir genau die sieben Schutzzeichen oder -wesen ein, die jeweils an den Öffnungen auftauchen, wenn du in deiner Vorstellung dort angelangt bist. Kommuniziere mit ihnen. Danke ihnen. Sie sind jetzt deine Beschützer und Helfer.

Sie werden immer dann ein automatisches Schutzschild vor diesen sensiblen Punkten deines Körpers aufbauen, wenn du sie darum bittest. Danke deinem Schutzgeist oder Krafttier für die geleistete Hilfe und kehre zum Tagesbewußtsein zurück.

Sie haben nun alle indianischen Mittel kennengelernt, mit denen Sie an sich arbeiten und sich schützen können. Bei diesen Prozessen werden Sie jedoch nicht nur Klärung erhalten, sondern auch Energie und Kraft und sich im Laufe der Zeit immer gefestigter fühlen. Zweifel und Unsicherheiten werden verschwinden. Jetzt sind Sie darauf vorbereitet, die Adler-Kraft in Ihnen zu erwecken. Jetzt sind Sie bereit, Ihre neu gewonnene Kraft in den Dienst Ihrer Gemeinschaft zu stellen.

4. Yuwipi

Wie wir unsere Bestimmung finden

Die Adler-Kraft spielt in der indianischen Tradition eine entscheidende Rolle. Die Energie des Adlers verleiht dem Menschen Flügel, läßt ihn über sich selbst hinauswachsen, läßt ihn sich der Gemeinschaft zur Verfügung stellen. Da die Indianer zwar Individualisten, aber gleichzeitig auch Gemeinschaftsmenschen sind, liegt ihnen die Erweckung dieser Adler-Kraft besonders am Herzen. Genau darum geht es, wenn die jungen männlichen Indianer zum ersten Mal auf ihre Visionssuche geschickt werden, - die die von Robert Bly beschriebene Einweihung der jungen Männer ins Erwachsenenalter darstellt.

Die Aktivierung der Adler-Kraft geschieht in mehreren Phasen, die ich Ihnen im folgenden vorstellen werde. Zunächst müssen wir uns reinigen, müssen uns und anderen verzeihen. Dazu gehen die Indianer normalerweise in die Schwitzhütte. Dann müssen wir unseren derzeitigen Standpunkt finden (von dem aus wir zu einem neuen aufbrechen wollen). Das geschieht am Medizinrad. Und wir müssen um eine Vision bitten, um Wegweiser für unseren weiteren Lebensweg. Dafür unternehmen wir die Visionssuche. Und schließlich müssen wir Kontakt zu unseren geistigen Führern aufnehmen. Dazu dient die *Yuwipi*-Meditation, in der wir die Geister (*Spirits*) anrufen.

Schwitzhütte - Wie du dich reinigst

Die Zeremonie der Schwitzhütte ist ein Reinigungsritual für Körper, Verstand, Seele und Geist, das nahezu jeder indianischen Feier vorausgeht. Es ist das symbolische Eintreten in den Bauch von Mutter Erde. Mit diesem Eintreten vertrauen die Indianer ihre innere und äußere Reinigung der weiblichen Gottheit (Mutter Erde) an.

Eine Schwitzhütte entsteht aus Weidenzweigen, die man in die Erde steckt, die oberen Enden werden zu einem Dach zusammengebogen. Dann wirft man Decken oder Stoff darüber. In die Mitte der so entstandenen Rundhütte werden heiße Steine gelegt, die Rauch und Hitze in der Hütte erzeugen. Die runde Form gilt als Symbol für Gott und die Schöpfung.

Am Beginn der Zeremonie wird die Tür - eine Stoffdecke, die den Eingang darstellt,- geschlossen, so daß in der Hütte vollständige Dunkelheit herrscht. Während es immer heißer wird, reiben die Teilnehmer, die als Zeichen, daß sie jetzt ihrem Schöpfer gegenübertreten, nackt sind, ihren Körper mit Pfefferminz (manchmal auch Knoblauch) und Salbei ein und atmen den Dampf ein.
Durch das Schwitzen reinigen sich der Körper (Erde) und die Lunge (Luft). Während die Gifte den Körper verlassen, wird frisches Wasser als Symbol der neuen Energie nachgetrunken.

Durch das Schwitzen werden auch Verstand, Seele und Geist gereinigt. Da jeder der Teilnehmer zu Stillschweigen verpflichtet ist, können jetzt innere Fragen geklärt und ein Gespräch mit Gott begonnen werden. Kurz: Die Schwitzhüttenzeremonie ist für die Indianer die Zeit des In-sich-Gehens, die Zeit der Innenschau.

Natürlich können wir hierzulande nicht einfach irgendwo eine Schwitzhütte aufbauen, da uns oft die räumlichen und zeitlichen Möglichkeiten dazu fehlen. Aber Sie können ja Ihren nächsten Gang zu einer Sauna durchaus im Sinne einer indianischen Schwitzhüttenzeremonie gestalten. Vielleicht können Sie sogar einige Freunde dafür gewinnen mitzumachen.

Dazu einige Gedanken zur Vorbereitung und Durchführung.
Bitte halten Sie sich vor einer Schwitzhütte 48 Stunden lang von Alkohol und anderen Drogen fern. Bereiten Sie sich innerlich vor: Was will ich geklärt haben? Wovon will ich mich reinigen? Nutzen Sie die 48 Stunden für diese innere Einstimmung. Meditieren Sie allein oder mit Ihren Freunden.

Reinigen Sie den Saunaraum, bevor Sie ihn benutzen, mit dem Rauch von getrocknetem Salbei: Weihen Sie den Raum ein. Er wird für die nächsten Stunden Ihr Altar, Ihre Kirche sein. Weihen Sie sich selbst und Ihre Freunde mit dem Rauch. Bitten Sie Ihren Schutzgeist oder Ihr Krafttier um seine Gegenwart. Bestimmen Sie vor der Zeremonie einen Teilnehmer, der für die praktische Ausführung (genügend Hitze, Aufgüsse etc.) verantwortlich ist. Vereinbaren Sie mit den anderen absolutes Stillschweigen während der Schwitzhüttenzeremonie. Sprechen Sie, wenn

Sie wollen, vor Beginn ein Gebet an die Vier Elemente, die Vier Himmelsrichtungen. Ich nenne Ihnen unten ein Beispiel.

Während des Schwitzens fühlen Sie, wie Sie sich reinigen. Lassen Sie bewußt alles abfließen und aus Ihren Poren treten, was Sie loswerden wollen. Vergessen Sie nicht, frisches Wasser nachzutrinken. Lassen Sie sich einfach von Ihrem Unterbewußtsein führen. Nach dem Ende der Zeremonie empfehle ich Ihnen, sich Zeit zu nehmen, das Erlebte niederzuschreiben oder mit Ihren Freunden zu besprechen. Noch ein Wort der Warnung: Bitte machen Sie eine Schwitzhütte nur dann, wenn Sie sich in ausgezeichneter körperlicher Verfassung befinden. Bei Kreislauf- und Herzbeschwerden rate ich dringend davon ab. Fragen Sie in jedem Fall vorher Ihren Arzt oder Heilpraktiker.

Als Beispiel für ein Einstimmungsgebet zitiere ich jetzt eine Anrufung, die von meinen Seminarteilnehmern zusammengestellt wurde.

Gebet zu den Vier Energien des Großen Geistes

Wenn du es beten willst, dann gehe physisch oder in deiner Vorstellung an deinen Kraftort, danke der Erde und verbinde dich mit den Vier Elementen. Sprich dann folgendes Gebet:

Großer Geist des Nordens,
Beschützer des Bodens und seiner Früchte,
der Pflanzen und Tiere,

Mutter Erde,
Kraft des Empfangens und der Nahrung,
Kraft der Geduld und Ausdauer,
Kraft des Wachstums und der Fruchtbarkeit,
laß mich mit dir verwachsen,
damit deine Kraft durch mich fließt,
und von mir ausgedrückt wird -
zum Wohle unseres Planeten
und aller seiner Lebensformen.

Großer Geist des Westens,
Energie der Luft und der Winde,
Atem, der alles belebt,
Vater Himmel
Kraft des Denkens und des Planens,
Kraft der Klarheit und Zielgerichtetheit,
Kraft der Veränderung und Herausforderung,
laß mich mit dir eins werden,
damit deine Kraft in mir weht,
und von mir ausgedrückt wird -
zum Wohle unseres Planeten
und aller seiner Lebensformen.

Großer Geist des Südens,
Energie des Wassers und der Gewässer,
Wiege allen Lebens,
Großmutter Meer,
Kraft der Erlösung und der Reinigung,
Kraft des Gefühls und Traums,
Kraft der Vergebung und Heilung,
laß mich in dich fließen,
damit deine Kraft in mir strömt,

und von mir ausgedrückt wird -
zum Wohle unseres Planeten
und aller seiner Lebensformen.
Großer Geist des Ostens,
Strahlen der aufgehenden Sonne,
Energie aller Atome, Großvater Feuer,
Kraft des Neubeginnens und des Erschaffens,
Kraft der Lebensenergie und des Lebensfunkens,
Kraft der Vision und Erleuchtung,
durchstrahle mich,
damit deine Kraft in mir pulsiert,
und von mir ausgedrückt wird -
zum Wohle des Planeten
und aller seiner Lebewesen.

Medizinrad - Wie du dich orientierst

Neben der Reinigung in der Schwitzhüttenzeremonie nimmt die Orientierung am Medizinrad eine wichtige Funktion in der spirituellen Praxis der Indianer ein.

Das Medizinrad ist der heilige Kreis. Es wird mit 36 Steinen in einer besonderen Zeremonie errichtet. Ein Stein wird in die Mitte gelegt: er repräsentiert den Schöpfer, den Großen Geist. Um ihn herum wird ein innerer Kreis aus sieben Steinen ausgelegt, der Mutter Erde, Vater Sonne (Himmel), Großmutter Mond und die Vier Elemente versinnbildlicht. Um diesen inneren wird ein großer äußerer Kreis angelegt, in dem vier Steine die Vier Himmelsrichtungen darstellen. Von diesen vier Richtungssteinen aus werden jeweils drei Steine zum zentralen Stein hin ausgerichtet. Zwischen den vier Richtungssteinen liegen zwölf Steine als Symbol für die zwölf Monde des Jahreslaufs. Auch ohne ein Medizinrad zu errichten, können wir die Kraft dieser Symbole spüren und für uns nutzen. Die folgende Meditation zeigt Ihnen, wie.

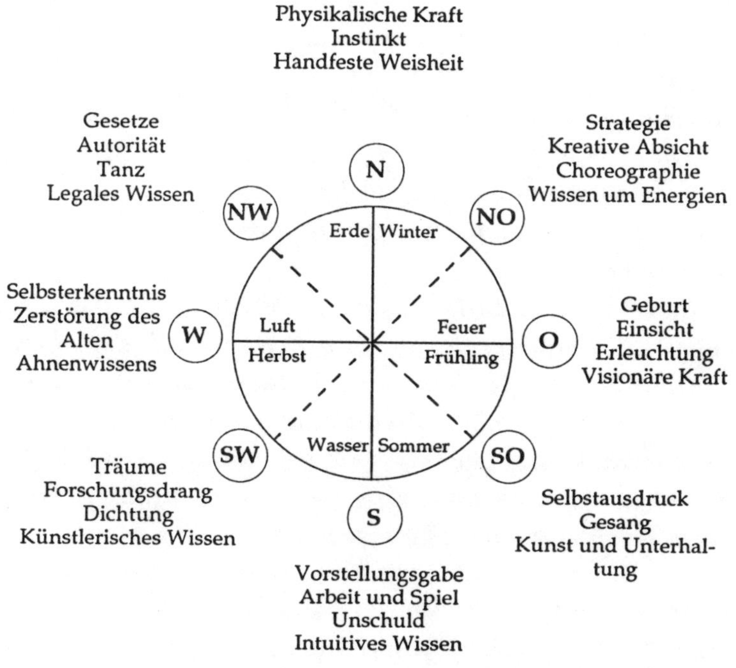

Meditation: Die Kraft des Medizinrads

Gehe in deiner Vorstellung an deinen Kraftort und entspanne dich. Verbinde dich mit den Vier Elementen und danke der Erde. Stell dir jetzt ein großes Rad vor, etwa einen überdimensionalen Kompass oder eine Zielscheibe mit vier Linien, die den Kreis in acht gleiche Abschnitte einteilen. Zur besseren Veranschaulichung betrachte die obige Schautafel . Präge dir ein, daß der Nordpunkt oben in der Mitte des Kreises, der Südpunkt entgegengesetzt davon unten, der Westpunkt links und der Ostpunkt rechts am Kreis liegen. Das ist sehr wichtig!
Nachdem du dir so das Rad veranschaulicht hast, bitte deine Intuition, dir die Stelle auf dem Rad zu zeigen, die deinem jetzigen Lebensabschnitt entspricht. Merke dir diese Position und frage dein Unterbewußtsein, ob es dir noch weitere Botschaften dazu übermitteln will. Lausche in dich hinein.
Nachdem du alle Botschaften ungesammelt hast, öffne deine Augen und vergleiche dein Ergebnis mit der obigen Abbildung. Notiere deine Erkenntnisse in dein Traum-Journal oder Tagebuch. Wiederhole den Prozeß alle sechs Monate und vergleiche das neue Ergebnis jeweils mit dem vorherigen. Es wird dir eine gute Beschreibung davon geben, wo du derzeit im Leben stehst.

Visionssuche - Wie Du Deinen Weg findest

Die Indianer glauben, daß die Natur zu unserer inneren und äußeren Heilung notwendig ist. Nur sie kann uns helfen, unsere Probleme zu lösen. Nur sie kann uns auf den Weg,

den wir verloren haben, zurückbringen. Nur sie kann uns in Visionen die Richtung weisen.
Aus diesem Glauben heraus schicken die Indianer ihre jungen Leute, wenn sie das Reifealter erreicht haben, auf eine *Vision Quest*, eine Visionssuche, in der der Sucher vier Nächte lang mit sich und der Natur allein ist. Ziel der *Vision Quest* ist es, ein Zeichen, eine Vision, zu erhalten, die dem jungen Menschen seinen künftigen Lebensweg weist.
In meinen 'Kraft-Tagen', vier- oder siebentägigen Seminaren an Orten der Kraft, wird diese indianische Tradition weitergeführt. Ich stelle Ihnen im folgenden etwas verkürzt einige Übungen aus diesen *Vision-Quest*-Seminaren vor, damit Sie eine Visionssuche für sich selbst unternehmen können. Dabei ist es nicht notwendig, vier oder mehr Tage an einem Kraftort zu sein. Folgen Sie (wie immer!) Ihrer inneren Stimme und bleiben Sie solange, wie Sie es für nötig halten.

Vorbereitung

Bevor Sie sich entscheiden, eine Visionssuche durchzuführen, sollten Sie wissen, wo Sie dies tun möchten. Folgen Sie Ihrer Intuition. Vielleicht fühlen Sie sich von einem Kraftort in Ihrer Nähe angezogen. Gisela Graichen gibt in ihrem empfehlenswerten Werk '*Das Kultplatzbuch*' eine Reihe von Anregungen für Kraftorte in Deutschland. Weitere Hinweise können Sie in der Reihe '*Magisch Reisen*' des Goldmann-Verlages finden. Wenn Sie eine längere Reise unternehmen möchten, dann empfehle ich Ihnen folgende '*starke*' Plätze:

Europa und Mittelmeer:
Externsteine/Teutoburger Wald in Deutschland;
Glastonbury/Stonehenge in Großbritannien;
Montsegur/Provence in Frankreich;
die Alpen;
die italienischen Inseln Elba und Strombolie;
die Kanarischen Inseln;
Delphi und der Olymp in Griechenland;
die Berge Ararat in Armenien und Elbrus in Georgien;
Israel;
die Pyramiden in Ägypten.

Afrika und Asien:
Kilimandscharo in Kenia;
Kapstadt in Südafrika;
der Himalaya;
Lhasa in Tibet;
die Wüste Gobi in China;
Fuji, der heilige Berg der Japaner;
Bali.

Amerika: Viele der Nationalparks in den USA;
das Navajo-Reservat in Arizona mit Canyon de Chelly, Monument Valley;
Sedona in Arizona;
Maui/Hawaii;
Machu Picchu in Peru;
das Amazonas-Gebiet;
die Galapagos-Inseln;
die Iguazu-Wasserfälle in Brasilien.

Australien:
Das Barrier Reef, Ayers Rock.

Nachdem Sie Ihre Wahl getroffen haben, werden Sie sich auf die Reise vorbereiten. Und genauso, wie Sie innerlich oder tatsächlich in geschriebener Form eine Liste von den Dingen anfertigen, die Sie mitnehmen wollen, machen Sie eine Liste mit Fragen, die Sie auf Ihrer Visionssuche klären möchten. Zum Beispiel: Wie kann ich dieses oder jenes Problem lösen? Was ist mein Lebensweg? Was ist der nächste Schritt auf diesem Weg? Wichtig ist, daß Sie sich für diese Liste Zeit nehmen. In meinen Seminaren muß jeder Teilnehmer spätestens eine Woche vor dem Abreisetermin seine Liste in seinem Tagebuch oder Journal angelegt haben und täglich daran arbeiten. Damit hat Ihre Visionssuche begonnen.
Wenn Sie Ihren Koffer packen, vergessen Sie nicht: Salbei, Tabak und Mehl (in kleinen Mengen), Ihre Kraft-Steine und Ihr Journal oder Tagebuch.

Auf der Reise

Während Sie zu Ihrem Kraftort reisen, schalten Sie von Ihrem Alltag auf die Erwartung einer völlig neuen Erfahrung um. Notieren Sie Ihre Gefühle. Beobachten Sie sich selbst. Werden Sie sich bewußt, daß diese Reise Ihr Leben verändern wird. Wenn Sie eine lange Anreise haben, nutzen Sie die Zeit und halten Rückschau auf Ihr Leben: Was funktioniert nicht in meinem Leben? In welchen Bereichen bin ich enttäuscht? Was tut weh? Was ist meine negative Seite? Machen Sie eine Bestandsaufnahme und fragen Sie sich, was Sie verändern wollen.

Nach Ankunft an Ihrem Zielort und nach Erledigung Ihrer Unterbringung meditieren Sie. Bitten Sie die Energien des Ortes um Erlaubnis, die Kraftplätze benutzen zu dürfen.
Dann empfehle ich Ihnen, sich erst einmal zu entspannen und sich in einem Gewässer oder unter der Dusche Ihres Hotels von allem zu reinigen, was Sie belastet: Schmutz, alte Anschauungen, negative Gefühle. Folgen Sie den beschriebenen Meditationen.
Beschließen Sie Ihren ersten Tag am Kraftort, indem Sie sich mit seinen Vier Elementen verbinden und die Energien des Ortes um einsichtsvolle Träume bitten. Notieren Sie diese Träume sowie alle übrigen Eindrücke und Erlebnisse in Ihr Journal. Ich persönlich führe zum Beispiel immer mein kleines Tagebuch mit mir.

Die Suche

Nehmen Sie sich Zeit. Es hat keinen Sinn, am zweiten Tag sofort zu einer Kraftstelle zu gehen und zu meditieren. Öffnen Sie sich langsam erst einmal den Energien des Ortes. Gehen Sie einfach in die Natur und folgen Sie Ihrem Gefühl. Gehen Sie, wohin es Sie zieht.
Beobachten Sie die Natur, während Sie wandern, und vergleichen Sie sie mit den Gedanken und Phantasien, die Sie in sich wahrnehmen. Nutzen Sie Ihre Erfahrung in der Traumarbeit, wenn sich Zeichen einstellen. Zum Beispiel: Welche Energie vermittelt Ihnen das fließende Wasser oder der singende Vogel? Was haben diese Energien mit Ihrer jetzigen Lebenssituation zu tun? Welche Widerstände begegnen Ihnen: umgefallene Bäume? Gedanken, die Ihnen keine Ruhe lassen? Hunger und Durst? Betrachten

Sie alles, was Ihnen widerfährt, als Traumbotschaft.
Wenn Sie sich in den Ort eingestimmt haben - was manchmal Tage dauern kann -, dann begeben Sie sich an eine Stelle in der Natur, an der Sie sich sicher und geborgen fühlen, und machen Sie folgende Meditation.

Meditation: Visionssuche

Entspanne dich und verbinde dich mit den Vier Elementen. Danke der Erde und den Energien des Ortes.
Stell dir vor, der Boden tut sich neben dir auf und offenbart einen Eingang ins Erdinnere. Sieh diese Öffnung in allen Einzelheiten. Gehe dann in deiner Vorstellung in diese Öffnung und steige hinab. Über kurz oder lang wirst du auf eine Tür oder ein Hindernis treffen. Bitte den Schutzgeist dieser Pforte um Einlaß. Dieser Geist kann sich dir als Tier, als Stimme, als Person, als Energie oder als Licht offenbaren.
Stell dieser Energie die Fragen, die du vor deiner Reise vorbereitet hast, und bitte um Antworten. Es kann sein, daß du wie im Traum an einen Ort geführt wirst und dich dort Dinge tun siehst. Es kann sein, daß du in deine Vergangenheit zurückgehst und Szenen erlebst, die mit deinen Fragen zu tun haben. Es kann sein, daß dir andere Wesen begegnen. Es gibt unbegrenzte Möglichkeiten.
Laß dich darauf ein. Erlebe diesen Traum. Irgendwann wirst du wieder an die Erdoberfläche zurückkehren. Danke dem Schutzgeist und komme langsam ins Hier und Jetzt zurück. Notiere dir sofort, was du erlebt hast, denn die Erinnerung verblaßt mit der Zeit wie beim Traum.

Nach meiner Erfahrung kann man mit dieser Meditation viele Antworten erhalten. Eine Vision, welchen Lebensweg Sie gehen wollen oder was Ihre Aufgabe in diesem Leben ist, erreichen Sie jedoch am ehesten, wenn Sie mit Ihren geistigen Führern, den Spirit Guides, Kontakt aufnehmen.

5. Chanupa - Wie du Kontakt zu deinen geistigen Führern pflegst

Gibt es 'geistige Helfer'? Wir sind gewohnt, diese Frage rasch als irrationalen Glauben wegzuwischen. Wenn wir jedoch die Kulturgeschichte der Menschheit betrachten, dann fällt auf, daß alle Religionen an die Existenz nichtmaterieller Wesen, daß heißt: nicht-irdischer Wesen, glauben.

Was sind diese Wesen? Wer sind sie? Was sollen wir uns unter diesem Begriff vorstellen? In den christlichen Kirchen werden diese Wesen als Engel bezeichnet.

Hans-Dieter Leuenberger schreibt in dem bereits erwähnten und empfohlenen Buch 'Engelmächte':

Engel sind Bilder, in die der Mensch die als Wirklichkeit erfahrenen kosmischen Kräfte kleidet und die er mit einem Namen verknüpft. Bild und Name zusammengenommen repräsentieren .. eine ganz spezifische Art dieser kosmischen Energie. Der Begriff Engel steht für kosmische Energie, und der Name sagt aus, in welcher Art und Weise diese kosmische Energie wirkt, das heißt, vom Menschen erfahren wird.

Sehen wir uns diese Definition einmal genauer an. Leuenberger sagt, die kosmischen Kräfte würden von den Menschen als Wirklichkeit erfahren. Dem ist aus kulturgeschichtlicher Sicht absolut zuzustimmen. Berichte von Energien und Kräften, die, weil sie jenseits des menschlichen Verständnisses liegen, nicht erklärt, aber erfahren wurden, finden sich in allen Kulturen der Erde. Da diese kosmischen Energien als Kräfte, die jenseits unserer ratio-

nalen Erfahrung stattfinden, erlebt werden, müssen wir sie mit Bildern beschreiben. Und dann müssen wir diesen Bildern Namen geben, da wir sonst nicht darüber kommunizieren könnten.
So gab zum Beispiel die christliche Kirche der Feuer-Energie den Namen Michael, der Wasser-Energie den Namen Gabriel, der Luft-Energie den Namen Raphael und der Erd-Energie den Namen Ariel. Mit diesen Namen waren, wie Leuenberger definiert, Bilder verknüpft, die wiedergeben, wie wir die betreffende Energie erfahren, besser: erspüren. Michael wird zum Beispiel mittels der in unserem Unterbewußtsein verankerten Bilder und deren emotioneller Energie ein Gefühl von Kraft und Selbstvertrauen auslösen.
Die kosmische Michaels-Energie wird also zuerst ans Unterbewußtsein gesendet, von dort in Bildersprache umgewandelt - der simplizifierende Vergleich von Fernsehsender und Fernsehgerät kommt einem in den Sinn - und schließlich in die Verstandessprache (Namen) übersetzt. Dies erklärt im übrigen auch, warum Menschen eines Kulturkreises ein Grundverstehen, einen Konsensus miteinander teilen: sie haben dieselben unterbewußten Bilder.
Soweit die Definition.
Wichtige Fragen bleiben jedoch offen. Zum Beispiel: Wer entscheidet, wann diese Energien gesendet werden? Wohin werden sie ausgestrahlt? Wie können sie empfangen werden?
Die christliche Kirche sagt, Gott sei der Urheber dieser Energien, und wir können sie empfangen, wenn wir ihn darum bitten. Die indianische Spiritualität stimmt dieser Antwort zu, nur ist ihre Begrifflichkeit etwas klarer.

Gott ist für sie der 'Große Geist', will sagen: die Universal-Energie, die in allem ist und alles erschaffen hat. Ohne ihr ständiges Pulsieren gäbe es kein Leben, so wie unser Körper ohne das ständig fließende Blut oder das permanent schlagende Herz nicht leben könnte. Diese Universal-Energie differenziert sich für die unterschiedlichsten Zwecke: hier formt sie die Erde, dort erzeugt sie Luft, hier ist sie Wasser-Energie, dort strahlt sie Wärme aus. Die gesamte Schöpfung ist Manifestation und Materialisation dieser Energie.
Die Indianer glauben, die wichtigste Aufgabe des Menschen ist, in Einklang mit der Schöpfung zu leben und sie auf diese Weise als Ausdruck der Universal-Energie zu ehren (= Tate Topa, der indianische Weg). Nur wenn der Mensch auf diesem Pfad geht, kann er Hilfe von der universalen Energie erhoffen. Diese helfende Energie ist nach dem Glauben der Indianer im Übermaß vorhanden. Für jeden Menschen hat das Universum eine Reihe von Schutzenergien, die sogenannten 'Spirit Guides' (= geistige Helfer) bereitgestellt, die uns unseren Weg durch das Leben erleichtern sollen.

Deine geistigen Helfer

Die geistigen Helfer sind Energien, die uns helfen zu heilen, zu erschaffen, zu lieben, uns für unseren Lebenskreis einzusetzen, ganz zu werden oder auch einfach, Dinge zu tun. Die Energie, die uns da geschickt wird, manifestiert sich, um für uns wahrnehmbar zu sein, in Gefühlen und Bildern. Meist erfahren wir zuerst ein äußerst intensives Gefühl, das dann innere Bilder in uns auslöst. Diese wiederum werden dann vom Verstand in begreifbare Begriffe übersetzt. Daher haben die meisten von uns Bilder ihrer geistigen Helfer, die unserer Erfahrung entsprechen: menschliche Figuren, wenn auch mit übermenschlichen Fähigkeiten.

Mein *Spirit Guide, Red Feather*, zum Beispiel wird von meinem Unterbewußtsein als ein etwa dreißigjähriger Schamane erfahren. Anfänglich habe ich diesen 'Bilder-Realismus' abgelehnt, da ich glaubte, ich solle mich auf die Energie-Übermittlung konzentrieren. Später erlebte ich jedoch, daß ein sehr realistisches Personifizieren der Führer - wie in meinem Fall - diesen Energietransfer sogar fördert, denn es sind die unterbewußten Bilder, die das Gefühl=Erfahren der Energie auslösen.

Wie können wir uns diesen Energien öffnen? Wie können wir mit unseren geistigen Helfern in Kontakt treten?

Meine indianischen Lehrer haben immer darauf hingewiesen, daß wir erst Körper, Verstand und Seele ins Gleichgewicht bringen sollen, bevor wir den Kontakt zu unseren geistigen Helfern herstellen. In Teil I habe ich Ihnen einfache Techniken vorgestellt, mit denen Sie diese Balance herstellen können.

Nachdem Sie diese Vorarbeit geleistet haben, empfehle ich Ihnen, in Ihrem nächsten Urlaub einen Kraftort aufzusuchen und dort, nachdem Sie sich auf den Ort und seine Energien eingestimmt haben, mit Ihren geistigen Helfern Kontakt aufzunehmen. Die Energien eines Kraftortes werden Ihnen bei diesem Prozeß eine wirkungsvolle Hilfe sein.

Bitte nehmen Sie sich Zeit für diese 'Kontaktaufnahme'. Sie müssen mit den Energien des Ortes wirklich vertraut sein und sich vorher - am besten in einem fließenden Gewässer - von aller Negativität gereinigt und sich mit den

Vier Elementen des Ortes verbunden haben. Sie sollten ferner die Universal-Energie darum bitten, Ihnen nur positive, heilende Energien zu schicken. Deswegen bestehen die Indianer auch auf der vorherigen Reinigung: es soll vermieden werden, negative Kräfte anzuziehen.
In indianischer Tradition habe ich folgendes Gebet entwickelt, mit dem Sie die Universal-Energie anrufen und um Schutz bitten können.

Gebet zum Großen Geist

Leben beginnt mit Energie,
Energie schafft Licht,
Licht schafft Wärme.

Alles Lebende ist Ausdruck dieser Energie.
Ich danke der Energie, und ich ehre sie. Und ich danke meinem Geist, der aus dieser Energie geschaffen ist.

Ich bitte darum, Ausdruck dieser Energie zu sein:
Licht und Liebe.
Ich bitte darum, daß Licht und Liebe meinen Weg säumen.
Ich bitte darum, nur Licht und Liebe zu empfangen.

Zuerst bin ich im Licht. Dann ist das Licht in mir.
Und schließlich sind Licht und ich eins.

Ich preise dich, universale Energie,
Großer Geist,
Wakan Tanka,
Taiowa,
Gott,

Allah,
Jahve,
Brahma.
Sei bei mir,
denn dein Geist und ich sind eins.

Vor den letzten beiden Zeilen des Gebets können Sie die Namen, die Ihre Religion der Schöpferischen Kraft gibt, einfügen. Sie erzeugen mit diesen Namen in sich ein religiöses (religio=Rückbinden an die Energie) Gefühl, eine weihevolle Schwingung, die Sie für die Kontaktaufnahme mit Ihren geistigen Helfern vorbereiten oder Sie in eine Erfahrung der Universal-Energie führen kann.
Ich empfehle Ihnen, das Gebet, falls Sie es verwenden wollen, vor Ihrer Kontaktaufnahme mit Ihren geistigen Helfern zu sprechen. Ich selbst bete dieses Gebet auch, bevor ich schreibe oder Seminare gebe. Es erzeugt stets eine besondere Energie in mir.
Sie sind jetzt gut vorbereitet: Sie sind gereinigt und haben ihre Kraftstelle gefunden. Ihr Körper und Ihr Verstand sind entspannt. Sie sind durch die Erd- und die kosmischen Energien geschützt. Sie sind bereit, mit Ihren geistigen Helfern Kontakt aufzunehmen.

Meditation: Kontakt zu meinen geistigen Helfern

Achte darauf, daß du völlig entspannt bist. Konzentriere dich für ein paar Augenblicke auf die Energie des Großen Geistes. Wenn es dir hilft, sage geistig die Namen der göttlichen Energie auf. Spüre *die Schwingung in dir.*

Stell dir vor, daß du von weißem, gleißendem Licht umgeben bist. Spüre die Wärme des Lichts in dir. Fühle dich darin beschützt und geborgen.
Sieh vor deinem geistigen Auge, wie sich das Licht jetzt auf deine Umgebung ausbreitet, und während du geistig um dich herum blickst, wirst du der Gegenwart einer liebenden Energie, eines liebenden Wesens gewahr. Konzentriere dich auf diese Energie, auf dieses Gefühl der Liebe, das dir entgegenfließt. Wenn Bilder entstehen, laß sie hochkommen. Schau sie dir an. Fühle sie. Wenn du keine Bilder siehst, wirst du vermutlich intensiv fühlen.
Wenn du willst, kannst du jetzt Fragen an diese Energie oder dieses Bild stellen, zum Beispiel: Wer bist du? Warum bist du hier? Bist du mein geistiger Helfer? Frage, was auch immer du fragen willst, und akzeptiere, was an Antworten kommt. Ich persönlich spüre lieber die Energie meiner Spirit Guides, statt Fragen zu stellen. Aber der Kontakt zu den geistigen Helfern ist ebenso individuell und von Mensch zu Mensch verschieden wie dein Helfer selbst.
Am Ende deines Kontaktes dankst du deinem Helfer und bittest ihn, von nun an mit dir in Verbindung zu bleiben.
Wie beim Traum empfehle ich dir, alle Begegnungen in deinem Tagebuch festzuhalten.

Schlußgedanken

Sie haben jetzt vier einfache Übungen kennengelernt, die es Ihnen ermöglichen, die Adler-Kraft in Ihnen zu wecken. Zusammen mit den übrigen Meditationen und Anregungen, die ich Ihnen im zweiten Teil dieses Buches gegeben habe, stellen diese Übungen ein Grundgerüst dar, an dem Sie Ihre Persönlichkeit aufbauen können. Sie haben jetzt das Rüstzeug, mit dem Sie an sich selbst arbeiten und Ihr wahres Potential befreien können. Mit diesen Meditationen werden Sie zuerst den inneren und dann den äußeren Krieger in sich erwecken, werden Energie sammeln für die Eigenanalyse und Kräfte für Ihren Dienst an der Gemeinschaft. Und das ist dann der letzte Schritt unseres indianischen Wegs, den Sie allein zu verantworten haben: Was können Sie für Ihre Familie und Ihre Freunde tun? Wie können Sie sich zum Wohl Ihrer Gemeinde, Ihres Landkreises, Ihres Volkes einsetzen? Wie können Sie Mutter Erde in ihrem Kampf gegen Zerstörung und Verseuchung unterstützen?

Es ist ein alter indianischer Grundsatz, jede Handlung so zu tun, daß sie für mindestens sieben Generationen Bestand hat. Unterstützen Sie mit Ihrer neugewonnenen positiven männlichen Kraft die Entscheidungsträger unserer Gemeinwesen darin, diesen Grundsatz zu beherzigen.

ANHANG

Über den Autor

Peter Whiteheart ist seit zehn Jahren als Seminarleiter tätig. Seine weitreichenden internationalen Verpflichtungen haben ihm einen reichten Schatz an therapeutischen Techniken vermittelt, die er seit 1986 in seinen Seminaren an Orten der Kraft anwendet.
Peter hat nach seinem Studium der Geschichte, Literatur, Philosophie und Psychologie mit Heilern und Schamanen gearbeitet, so mit dem Stuttgarter Professor Johannes Sauter und dem Apache-Schamanen EagleBear in Arizona. Peter ist ausgebildeter Hypnose-Therapeut und Mitglied des 'American Council of Hypnotist Examiners', der 'Association for Research and Enlightenment' und der'Association for Past Life Research and Therapy'. Er gehört der Fakultät der Greenwich University in Hawai an. Peter ist derzeit der Direktor der 'Spiritual Seminars', einer von ihm gegründeten Organisation, die es sich zum Ziel gesetzt hat, den Seminarteilnehmern durch Symbolmeditation und Imagination die heilenden Energien der Erde zu erschließen. Erfüllung, Glück und innsere Harmonie sind das Ergebnis dieser Rück-Bindung an Mutter Erde. Diese Seminare fanden bisher in Sedona/Arizona, am Canyon de Chelly/Arizona, in Maui/Hawai, Oyai/Kalifornien, und in Joshua Tree/Kalifornien statt.
Seit 1992 veranstaltet Peter parallel zu seinen Workshops für amerikanische Teilnehmer auch Seminare, sogenannte 'Kraft-Tage', in Deutschland. Sein Ziel ist es, beide Gruppen in Zukunft zusammenzubringen. Die Sprache seiner

Meditationen ist ohnehin international: Ritual und Imagination der Rück-Bindung zur Erde ist ein Erleben unseres Unterbewußtseins, und das kennt keine Sprachbarrieren.

Adressen von Beratungsstellen für Männer

Münchner Informationszentrum
für Männer e.V.
Daiserstr. 22
8000 München 70
Tel. 0 89/77 44 65

Männerbüro Stuttgart
c/o Georg Baur
Reinsburgstr. 72
7000 Stuttgart 1
Tel. 07 11/62 83 61

Verein Männerberatung München
und Region e. V.
Poilstr. 4
8164 Hausham
Tel. 0 80 26/81 58

Männerbüro Göttingen e. V.
Groner-Tor-Str. 16
3400 Göttingen
Tel. 05 51/4 61 61

Alte Molkerei Frille
(Heimvolkshochschule/-
Männerbildungsarbeit)
Freithof 16
4953 Petershagen
Tel. 0 57 02/97 71

Männerbüro Düsseldorf e. V.
c/o Frank Vuillot
Baumgartstr. 8
4000 Düsseldorf 30
Tel. 02 11/48 09 84

Männer gegen Männergewalt
c/o Peter Hanß
Im Johannestal 43
5600 Wuppertal 1
Tel. 02 02/43 00 20

Bonner Zentrum für Männerfragen
c/o SEKIS
Lotharstr. 95
5300 Bonn 1
Tel. 02 28/22 17 54

Kontakt- und Beratungsstelle
für Männer
Nordstr. 95
5100 Aachen
Tel. 02 41/87 37 01 oder 52 38 58

Informationszentrum für
Männerfragen e. V.
Neuhofstr. 41/HH
6000 Frankfurt 1
Tel. 0 69/5 97 09 59

Männer helfen Männern e. V.
Marienstr. 23
6700 Ludwigshafen
Tel. 06 21/62 26 22

Mannege
Information und Beratung für Männer
Stadtteilladen Gesundheit Wilmersdorf
Uhlandstr. 161
1000 Berlin 15
Tel. 0 30/8 82 68 08

Forum Neumann
c/o Bernd Jankowski
Hartwig-Hesse-Str. 48
2000 Hamburg 20
Tel. 0 40/4 91 70 80

Männer gegen Männergewalt
Mühlendamm 66
2000 Hamburg 76
Tel. 0 40/2 20 12 77

Männerbüro Bremen
Braunschweiger Str. 53 b
2800 Bremen 1
Tel. 04 21/4 98 86 34

außerdem Zeitschrift:
Rundbrief für antisexistische Männer
c/o Gerhard Hafner
Kreuzbergstr. 71
1000 Berlin 61
Tel. 0 30/7 85 12 57

BIBLIOGRAPHIE

Neben den im Text zitierten Büchern empfehle ich die folgenden Autoren und Werke zum Weiterstudium. Wenn Sie die Bücher kaufen sollten, fragen Sie immer nach der neuesten Taschenbuchausgabe, da manche Ausgaben überarbeitet sein können.

1) Indianisches Denken/Indianische Kultur:

- Sun Bear: Der Pfad der Kraft. Sein Weg, wie ihn Wabun und Barry Weinstock erzählt hat. München 1983.

- Sun Bear: Leben mit der Kraft. Ein Selbsthilfebuch für das Leben in der Wildnis. München 1988.

- Sun Bear und Wabun Wind: Die Erde liegt in unserer Hand. Eine Vision unseres Planeten. München 1990.

- Mary Summer Rain: Earthway. Freiburg 1992

- Doug Boyd: Rolling Thunder. Erfahrungen mit einem Schamanen derneuen Indianerbewegung. München 1986.

- Allen C.Ross: Wakan Tanka. Im Herzen sind wir alle eins. Neuwied 1992.

- Frank Waters: Das Buch der Hopi. Köln 1980.

- Peter Whiteheart: Tate Topa - Der indianische Weg. Neuwied 1992.

2) Schamanismus

- Jeanne Achterberg: Imagery and Healing: Shamanism and Modern Medicine. Boston 1985.

- Gary Doore: Shaman's Path: Healing, Personal Growth and Empowerment. Boston 1988

- Neville Drury: Elements of Shamanism. Longmead, Shaftesbury 1989.

- Mircea Eliade: Shamanism: Archaic Techniques of Ecstasy. New York 1964.

- Foundation for Shamanic Studies Newsletter, (viertel jährlich), Norwalk, Connecticut.

- Michael Harner: The Way of the Shaman. A Guide to Power and Healing, San Francisco 1980.

- Shirley Nicholson. Shamanism: An Expanded View of Reality. Wheaton, Illinois 1987.

- Shaman's Drum: A Journal of Experiential Shamanism, (vierteljährlich), Berkeley, Kalifornien.

- Tom Brown Jr.: The Vision. The dramatic true story of one man's search for enlightenment. New York 1988.
- Neville Drury: Vision Quest. A personal journey through magic and shamanism. Dorset, Great Britain 1984.

- John Heinerman: Spiritual Wisdom of the Native Americans. San Rafael, California 1989.

- Ed McGaa: Mother Earth Spirituality. Native American paths to healing ourselves and our world. San Francisco 1990.

- Thomas E.Mails: Secret Native American Pathways. A guide to inner peace. Tulsa, Oklahoma 1988.

- Brad Steiger: Indian Medicine Power. West Chester, Pennsylvania 1984.

- Peter Whiteheart: Tate Topa - Der indianische Weg. Neuwied 1992.

3) Erd-Bewußtsein/Erd-Wissen

- Elisabet Sahtouris: Gaia. The Human Jouney from Chaos to Cosmos. New York 1989.
- Nigel Pennick: Earth Harmony. Siting and protecting your home - a practical and spiritual guide. London 1987.

- Nigel Pennick: The Ancient Science of Geomancy. Living in the harmony with the earth. London 1979.

- Nicholas R. Mann: Sedona - Sacred Earth. A guide to geomantic applications in the Red Rock Country. Prescott, Arizona 1989.
- Jens M. Möller: Geomantie in Mitteleuropa. Kraftlinien und Energiezentren in Süddeutschland. Freiburg 1988.

4) Orte der Kraft:

- Gisela Graichen: Das Kultplatzbuch. Ein Führer zu den alten Opferplätzen, Heiligtümern und Kultstätten in Deutschland. Hamburg 1988.

- Natasha Peterson: Nordamerika. Heilige Orte der Kraft. München 1989.

- Cynthia L. Corbett: Powertrips. Journeys to Sacred Sites as a Way of Transformation. Santa Fe, New Mexico 1988.

- James A. Swan: Sacred Places. How the living earth seeks our friendship. Santa Fe, New Mexico 1990.

5) Meditation:

- Margit Seitz: Der Meditationsführer. Wege nach innen. München 1985.

- Wulfing von Rohr: Meditation. Die Kraft aus der Mitte - ein umfassender Übungsleitfaden. München 1991.

- Robert Griesbeck, Peter Orzechowski: Die Kraft der Rätsel. Weisheitsspiele der Welt. München 1986.

6) Männer:

- Bruno Bettelheim: Die symbolischen Wunden. Pubertätsriten und der Neid des Mannes. Frankfurt/Main 1990.

- Robert Bly: Eisenhans. Ein Buch über Männer. München 1991.

- Loren E.Pedersen: Das Weibliche im Mann. Bern, München, Wien 1992.

- Guy Corneau: Abwesende Väter - Verlorene Söhne. DieSuche nach der männlichen Identität. Solothurn, Schweiz 1993.

- Robert Lawlor: Die Seele des Mannes. Der spirituelle Weg zu einer neuen männlichen Sexualität und Spiritualität. München 1993.

- Leon Kaplan: Ein Mann bleibt ein Mann. Genf 1988.

- Herb Goldberg: Man(n) bleibt Mann. Reinbek 1987.

- William H.Masters, Virginia E.Johnson: Sexual Behavior in the Human Male. New York 1948.

- Erik H. Erikson: Identität und Lebenszyklus. Frankfurt 1966.

- Carl Gustav Jung: Die Dynamik des Unbewußten, Bd.VIII. Zürich, Stuttgart 1967.

- Herman Andriessen: Psychologie des Erwachsenenalters. Ein Beitrag zur Lebenslaufpsychologie. Köln 1972.

- Charlotte Bühler: Die Rolle der Werte in der Entwicklung der Persönlichkeit und in der Psychotherapie. Stuttgart 1975.

- Bernice L.Neugarten, Nancy Datan: The Middle Years. American Handbook of Psychiatry. Second Edition, Vol. I. 1974.

- Theodore Lidz: Das menschliche Leben. Die Entwick lung der Persönlichkeit im Lebenszyklus. Frankfurt/Main 1968.

Allen C. Ross

Wakan Tanka

Im Herzen sind wir alle eins

Mit einem Vorwort von Peter Whiteheart (Tate Topa)
Die Indianer Nordamerikas haben in den letzten Jahren eine Renaissance ihrer Riten und Bräuche erfahren, und das aus gutem Grund - sind wir, die Weißen, den Indianern doch viel näher als uns bewußt ist, umso mehr, als die Indianer mit ihrer engen Verbindung zur Erde eine Antwort auf viele Fragen bieten, die uns heutzutage beschäftigen.
Allen Ross gehört einem der ursprünglich sieben Stämme der Dakota (Sioux) an und wuchs in einem Reservat im Süden des amerikanischen Bundesstaates Dakota auf.
In seinem Buch *Wakan Tanka - Im Herzen sind wir alle eins* macht er sich auf die Suche nach den Ursprüngen der Indianer Nordamerikas (und den spirituellen Parallelen des ‚Roten und Weißen Mannes') und entdeckt ihre traditionellen Riten, Gebräuche, Zeremonien und Heilweisen neu.
Ein Vergleich der alten indianischen Überlieferungen mit der Psychologie C.G. Jungs und den Durchsagen von Edgar Cayce ist einer der faszinierenden Aspekte dieses Buches.